THE ICARUS DECEPTION

THE ICARUS DECEPTION
Copyright © Do You Zoom, Inc., 2012

All rights reserved including the right of reproduction in whole or in part in any form.
This edition published by arrangement with Portfolio, an imprint of Penguin Publishing
Group, a division of Penguin Random House LLC.

This Korean translation published by arrangement with Seth Godin in care of Penguin
Random House LLC through Alex Lee Agency ALA.

Korean translation copyright © 2025 by Hankyung Magazine&Book Inc.

이 책의 한국어판 저작권은 알렉스리 에이전시를 통해서 Portfolio, an imprint of Penguin
Publishing Group, a division of Penguin Random House LLC 사와 독점 계약한
(주)한경매거진앤북에 있습니다.
저작권법에 의해 한국 내에서 보호를 받는 저작물이므로 무단전재와 복제를 금합니다.

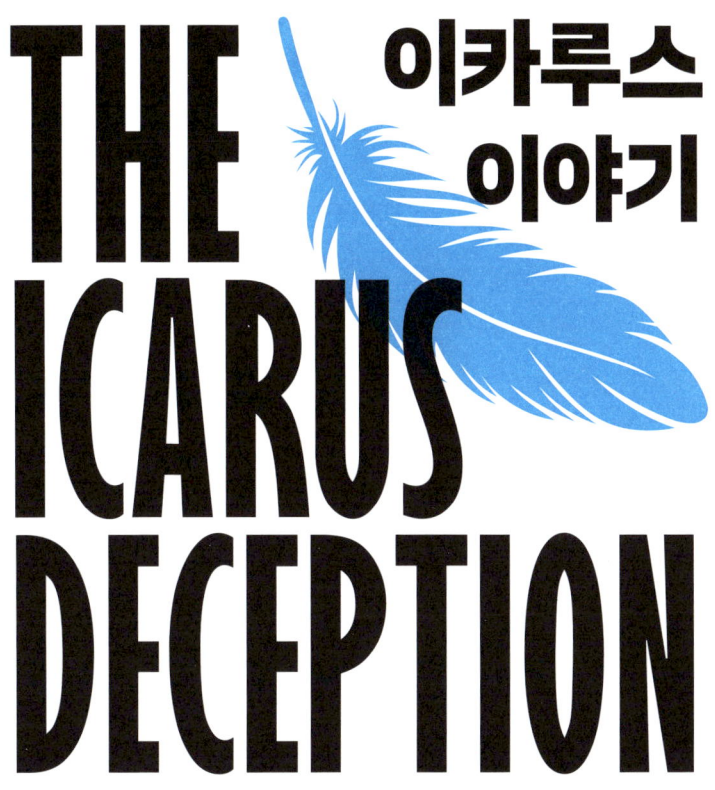

세스 고딘 지음 | 박세연 옮김

한국경제신문

| 한국 독자들에게 |

여러분 안녕하세요.
제 책이 한국에서 오랫동안 사랑을 받아 대단히 기쁩니다.

지금은 뜨거운 열정을 생각하고, 말하고, 행동함으로써 당당히 나타내야 하는 때입니다.
그러나 사람들은 아직도 과거의 울타리 안에서 다른 사람들의 지시나 명령에 복종하고 순응해야 안전하다고 생각합니다.

하지만 시대는 변했습니다.
앞으로 새롭게 생각의 틀을 구축하고, 사람과 아이디어를 연결하고, 아무런 정해진 규칙 없이 도전해야만 생존할 수 있는 시대입니다.
스스로 깨닫고 변화해야 새로운 것에 도전할 수 있습니다.

여러분의 열정과 열망이 한국 미래의 열쇠이고 돌파구입니다.
스스로의 가능성을 믿고 두려움과 한계를 뛰어넘으세요!

여러분이 성공할 것을 믿어 의심치 않습니다.
태양을 향해 더 높이 날아 올라보세요.

| 들어가며 |

꾀 많은 여우를 잡는 법

여우는 워낙 영리한 동물이라 단순한 덫으로는 잡을 수 없다. 일단, 여우가 다니는 길에 2미터가 넘는 담벼락 하나를 만든다. 미끼를 놓아두고 일주일 동안 내버려둔다. 아마도 여우는 인간의 냄새를 맡고 며칠 동안은 얼씬거리지도 않을 것이다. 그러다가 결국 미끼를 물고 사라질 것이다.

일주일 뒤에 다시 가서 처음의 벽과 직각이 되도록 두 번째 담벼락을 세운다. 그리고 미끼를 더 많이 놓아둔다. 이번에도 여우는 며칠 동안 담장을 기웃거리다가 결국 미끼를 물고 갈 것이다.

다시 일주일 뒤에 세 번째 담벼락을 만들어 둘러싸고, 입구도 만들어놓자. 미끼는 전보다 더 많이 놓아두자. 그렇게 또 일주일을 기다리면, 여우는 아마도 마음 놓고 그곳을 찾아올 것이다.

이제 당신이 할 일은 여우가 들어갔을 때 입구를 막는 것이다.

이야기 속 여우는 사실 우리 자신이다.

산업사회는 우리가 지금 빠져 있는 덫을 만들었다. 이 덫은 단번에 만들어진 게 아니다. 완성되기까지 수백 년의 세월이 걸렸다. 산업사회는 그 세월 동안 꾸준히 우리를 유인했다. 풍족한 월급과 보너스, 부자가 될 가능성이라는 미끼를 가지고. 그리고 결국 우리 등 뒤에서 문을 닫아걸었다.

우리는 사방이 막힌 산업사회라는 시스템 안에서 세상은 위험한 곳이라는 과장된 정보와, 줄 밖으로 벗어나면 먹고살기 힘들어질 거라는 일상적인 불안을 접하게 되었다. 그 채찍과 더불어 더 많고 빛나는 보상이라는 당근을 사용하는 시스템에 완전히 길들여지고 말았다.

우리의 상황은 여우보다 더 심각하다.

얼마나 더 기다릴 텐가?

그들은 당신에게 양식에 따라 이력서를 제출하고, 출근카드를 찍고, 줄을 맞춰 지시대로 움직이라 했다. 자존심 따위는 생각지도 말고 꿈이라는 허황된 단어도 머릿속에 두지 말라 했다.

그러면서 약속했다. 자기들을 믿고 시키는 대로만 하면 푸짐한 상품과 함께 상을 주고 부자가 되게 해주겠다고. 복종하면 할수록 더 많은 보상을 주겠다고.

그들은 당신에게 돈을 빌려주고, 외상으로 물건을 가져다 쓰게 하고, 인생역전을 이룬 주인공들이 등장하는 리얼리티 프로그램을 보여줬다. 당신의 아들딸에게도 그렇게 했다.

이런 일들이 도대체 언제까지 계속되어야 하는가?

그들은 말했다. 지시에 복종하는 것이 성공의 문을 여는 유일한 열쇠라고.

하지만 절대 그렇지 않음을 이제 당신은 안다.

당신은 누구도 넘볼 수 없는 뜨거운 열정의 소유자다. 그럼에도 당신은 최고의 작품을 만들 수 있는 뛰어난 아이디어와 자신의 진정한 모습을 숨긴 채 살아가고 있다. 우리 사회의 시스템이 당신이 열정을 발휘하지 못하도록 끊임없이 훼방을 놓기 때문이다.

세상은 인생이란 선물을 거저 주지 않는다. 만약 당신이 진정으로 그것을 갈망한다면 완전히 다른 방법으로 그 문을 열어야 한다.

지금까지 낭비한 시간을 되돌아보면 얼마나 안타까운지 모른다. 그런데도 지금에 이르러서조차 계속 기다리기만 한다면, 당신은 인생에 죄를 짓는 것이다.

당신은 많은 것을 바꿀 수 있고, 많은 것을 창조할 수 있다. 지금 당장, 안으로 꼭꼭 숨겨두기만 했던 힘을 내보여라.

이제 당신 차례다.

누구 의견 있는 사람?

대부분 회의는 의례적으로 이런 질문을 던짐으로써 끝난다. 그러나 때로는 형식적인 질문이 아니라 정말로 사람들의 의견이 필요해서 그렇게 묻기도 한다. 회의 진행자나 상사 또는 프로젝트 책임자가 아직 시도하지 않았거나 공유하지 않은 아이디어를 팀원에게 얻고 싶어 할 때 그렇다.

하지만 어느 경우든 반응은 한결같다. 침묵이 흐른다. 누구는 곁눈질을 하고, 누구는 서류를 챙긴다. 그렇게 침묵이 이어진다. 그런데 정말로 아무런 의견이 없어서 말을 하지 않는 걸까? 고등 교육을 받았고 높은 연봉에 조직의 인정까지 받는 유능한 인재들이 모였는데도, 모두가 하나같이 할 말이 없을까? 나는 그렇게 보지 않는다.

대신 나는 이런 상상을 해본다. 물론 사람들이 회의 진행자를 조금이라도 신뢰하고 있음을 전제로 해야 하지만, 누군가가 손을 번쩍 들고 의견을 내놓는다. 그의 말을 듣고 더 나은 방법을 떠올린 다른 사람이 자기 의견을 보탠다. 이어서 또 다른 누군가가 더 발전된 의견을 내놓거나 반대 의견을 내놓기도 한다. 이런 식으로 점점 더 많은 이들이 참여하면서 와자지껄해진다.

순식간에 회의실에는 에너지가 넘실댄다. 회의에 참여한 모든 사람이 마침내 지시에만 따라야 하는 긴 행렬에서 벗어나 숨겨두었던 인간적인 측면을 드러내는 것이다.

이런 상상은 전혀 허황된 것이 아니다. 사실 회의실에 있는 모든 직원은 문제를 이해하고, 분석하고, 해결할 능력을 갖추고 있다. 더욱이 충분한 관심도 있고, 적극적으로 행동에 옮길 열정까지 가지고 있다. 그런데 왜 아무도 먼저 이야기를 꺼내지 않을까? 회의가 끝나기만을 기다리는 기색이 역력한, 이 어색한 침묵은 어디에서 오는 것일까?

그것은 바로 오랫동안 줄에서 이탈해본 적 없는, 복종의 습관에서 온다.

진정한 아티스트의 삶

이제 달라져야 할 순간이 왔다. 제품을 생산함으로써 부를 쌓아가던 산업사회의 시대가 저물고 '연결'과 '관계'라는 완전히 새로운 것에서 가치가 창출되는, 이른바 연결경제connection economy의 시대가 시작되었다. 당신이 본성에 충실할 때 정말 잘할 수 있는 일들이 가치를 인정받는 시대가 된 것이다.

오랫동안 마음 깊숙이 간직해온 뜨거운 열정을 드러낼 때다. 이전과 다른 방법으로 생각하고 말하고 행동함으로써 자신의 존재를 당당히 드러내야 한다.

그러나 대부분의 사람은 아직도 이전 시대의 울타리 안에 있다고 착각한다. 강력하게 세뇌되고, 철저하게 사회화되어 불안에

바들바들 떨면서 살아간다. 다른 사람들의 승인을 마냥 기다리고, 반드시 지시를 따라야 한다는 강박관념에서 좀처럼 벗어나지 못한다. 놀라운 도전을 시작할 수 있는 최초이자 최고의, 그리고 일생일대의 기회가 찾아왔는데도 말이다.

갑자기 딴사람이 된다는 것이, 물론 그것이 진정한 자기 모습이지만, 쉽지는 않을 것이다. 하지만 분명히 가능한 일이고, 충분한 가치가 있는 일이다. 바로 그런 당신을 위해 이 책을 쓰고 있다. 이 책은 무시받고, 세뇌당하고, 조용히 살라는 꼬임에 넘어갔던 모든 이들을 위한 책이다.

이 책이 완벽한 해결책이 되리라고는 장담할 수 없다. 당신의 문제에 정확히 들어맞지 않을 수도 있고, 직접적인 영향을 주지 못하거나 또는 지나치게 직접적일 수도 있다. 하지만 나는 이 원고를 쓰는 동안 스스로 커다란 변화를 겪었다. 내가 먼저 그 긴 행렬에서 이탈하지 않는 한, 아무리 목소리를 높인다 해도 공감을 얻지 못할 것이기 때문이다. 그러니 당신도 부디 용기를 내어 자신을 바꾸길 바란다.

여기서 나는 항상 우리 곁에 있지만 보지 못했던, 또는 일부러 무시했던 것들을 당신이 다시 발견할 수 있도록 돕고자 한다. 그리고 그동안 대부분 사람이 외면했던 과제에 도전하고, 자신이 하고 있는 일을 지금까지와는 다른 시선으로 바라보고 접근할 수 있도록 끊임없이 이야기하고자 한다.

　나로서도 계속해서 목청 높여 이야기를 한다는 게 쉬운 일은 아니지만, 내 말에 귀 기울여줄 당신이 있기에 끝까지 해낼 수 있으리라 자신한다. 이런 책을 쓰는 모험에 과감하게 도전할 수 있도록 용기를 준 당신께 감사드린다.

　이 책은 아주 간단한 사실을 전제로 한다. 그것은 바로, 우리 모두 날 때부터 아티스트의 자질을 갖추고 있다는 사실이다. 방법을 따로 배울 필요도 없다. 당신이 타고난 것, 산업사회의 울타리에 갇혀 속으로 숨겨두고 있던 능력을 발휘하기만 하면 된다.
　지금부터 지시만을 기다리는 긴 줄에서 빠져나와 진정한 아티스트의 삶을 시작하자.

THE
ICARUS
DECEPTION

차례

한국 독자들에게 · 4

들어가며 · 6

이카루스의 한계를 뛰어넘은 사람들 · 17

PART 1
일생일대의 기회가 온다 · 27

우리의 인생은 안락지대와 안전지대를 조율해가는 과정에 있다. 성공한 사람들은 자신의 안락지대를 안전지대에 일치시킨다. 시대가 바뀌고 안전지대가 이동했음에도 당신의 안락지대는 이전 그대로라면? 자신의 안락지대를 재점검해야 한다.

PART 2
허물고, 무너뜨리고, 바꿔라 · 49

새로운 연결경제에서는 변화를 시작해야 한다. 새로운 안전지대에서는 어떤 일이 벌어지고 있는가? 아트와 혁신, 피괴와 재탄생이 일어나고 있다. 그렇다면 우리가 선택할 수 있는 길은 안전을 뒤로하고 변화를 향해 달려가는 것이다.

PART 3

이카루스에 속지 마라 · 107

너무 높이 나는 것은 위험하며, 신의 능력을 가졌다고 자만하지 말라는 교훈은 틀렸다. 지금 우리에게 필요한 것은 순응이 아니라 자만이다. 길을 잃고, 실패하고, 비난이나 시기를 받을 위험에 자신을 드러내는 용기지만 삶의 진정한 의미는 그곳에 있다.

PART 4

무엇이 두려운가? · 151

실패할까 봐, 망신당할까 봐 두려운가? 수치심에 지지 마라. 사회에 순응하지 말고 기꺼이 불순물이 되라. 지도 없이 새로운 길을 가라. 물론 어렵고 두려운 일이다. 도전은 우리 스스로를 위험에 빠뜨린다. 그러나 위험이야말로 우리가 아티스트가 되기 위해 반드시 거쳐야 하는 과정이다.

PART 5

아티스트가 되라 · 197

아티스트란 기존 질서에 도전하는 용기와 통찰력, 창조성과 결단력을 갖춘 사람이다. 아트는 결과물이 아니라 여정이다. 우리가 해야 할 일은 혼신을 바칠 그 여정을 발견하고 확실한 보장과 안전망이 없는, 값진 일에 풍덩 뛰어드는 것이다.

THE ICARUS DECEPTION

이카루스의 한계를 뛰어넘은 사람들

아트
새로운 틀을 구축하고, 사람과 아이디어를 연결하고,
정해진 규칙 없이 시도하는 것.

아티스트
기존 질서에 도전하는 용기와 통찰력,
창조성과 결단력을 갖춘 사람.

먹고사는 문제를 다시 생각한 윌리 잭슨

이십대인 윌리 잭슨은 유명 컨설팅 기업에 취직하여 승승장구하고 있었다. 남들 하듯이 모기지로 집도 한 채 장만했고, 휴일이면 잔디깎기 기계를 밀고 다니며 정원을 가꾸면서 업무 스트레스를 풀었다.

그런데 그랬던 그가 갑자기 회사를 그만뒀다. 고액 연봉과 고속 승진이 보장된 직장을, 더욱이 빚도 잔뜩 있는 그가 왜 뛰쳐나왔을까? 그건 윌리가 제정신이기 때문이다. 그게 바로 인생이다.

윌리는 어느 날 문득, 앞으로 평생 일을 해야만 한다는 사실을 깨달았다. 그렇다면 먹고살기 위해 일하는 것이 아니라 일을 하기 위해 먹고살면 되지 않을까 하고 생각했다.

윌리는 집을 팔고 다른 도시로 이사했다. 거기서 많은 친구를 사귀고, 믿을 수 있는 동료들로 인맥을 구축했다. 그들과 의기투합하여 새로운 사업을 벌여 고객들과 여러 건의 계약을 맺었다. 그는 하나의 도전을 할 때마다 신이 나서 흥얼거렸다.

그래서 큰돈을 벌었는가? 아직은 아니다. 그리고 중요한 건 그게 아니다. 이 이야기의 핵심은 불확실한 미래를 향해 나아가기 위해, 확실한 시스템에서 용감하게 걸어 나왔다는 사실이다. 이것이 바로 아트다.

작은 아이디어로 양식업을 되살린 산 페르산드

스물한 살의 산 페르산드는 수산 양식업 분야에서 일을 시작했다. 거대한 그물 안에 풀어놓은 물고기들을 관리하는 게 그의 일이었다.

그런데 문제가 하나 있었으니, 그물에 해초가 달라붙어 해류의 흐름을 막는 바람에 물고기들이 떼죽음을 당하는 일이 주기적으로 발생한다는 것이다. 인근 양식장들도 마찬가지였지만, 다들 뾰족한 수가 없다며 체념하고 있었다.

이때 놀랍게도 페르산드가 이 문제를 간단히 해결했다. 그가 한 일이라곤 정육면체 형태의 그물을 원통형으로 바꾼 것뿐이다. 해초가 그물에 자리를 잡기 시작하면 원통을 돌려 그 부분이 수면 위로 올라오게 해서 햇볕과 공기에 노출시켰다. 이러한 방식으로 물고기에게는 아무런 영향을 주지 않으면서 해초만 제거할 수 있었다.

일을 갓 시작한 직원으로서 페르산드에게는 아무런 권한도 없었고, 그 일을 책임져야 하는 위치도 아니었다. 게다가 대부분의 사람들이 으레 겪어야 하는 일로 여기고 있었다. 그럼에도 페르산드는 지시에만 따르는 긴 줄에 선 한 명이 된 것이 아니라 자발적인 도전으로 상황을 바꾸는 아티스트의 길을 선택한 것이다.

끈질기게 자기 길을 걸어간 질 그린버그

질 그린버그는 십대 시절에 내 사진을 찍어준 적이 있다. 그런 그녀가 세계적으로 유명한 사진작가가 되었다.

오늘날에는 대부분의 사람이 카메라를 갖고 있다. 그리고 누구 할 것 없이 사진을 찍을 줄 안다. 바로 그러한 세상에서 사진가로서 특별한 뭔가를 이루겠다는 건 과연 가능성이 있는 꿈일까?

꿈에 대해 누구나 말은 쉽게 한다. 하지만 실천하는 이는 드물다. 질은 사진가라는 꿈을 중심에 놓고 끊임없이 자신의 길을 선택했다. 먼저 포토샵 기술을 받아들였다. 당시만 해도 사진이란 셔터를 누르기 전에 모두 결정되는 것이라 믿었다. 그래서 대부분의 사진작가는 포토샵 기술에 관심을 두지 않았다.

다음으로 질은 굉장히 까다로운 주제를 선택했다. 좀비 얼굴을 한 대통령 후보라거나 성난 곰, 우는 아기의 얼굴 등을 카메라에 담았다. 그녀는 언제든 셔터를 누를 준비가 되어 있는 사람처럼 보였다. 포트폴리오를 살펴보면 그녀가 타협을 모르는 사람이라는 걸 느낄 수 있다. 그녀는 자신의 작품을 모두 열한 권의 책으로 내놓았다.

가장 중요한 사실은, 사진만 봐도 그녀의 작품이라는 사실을 알 수 있다는 것이다. 그녀에게 일을 의뢰하는 사람 중에 다른 작가들처럼 해 달라거나 어떠어떠하게 찍어달라는 식의 요청을 하는 사람은 없다. 그런데 예산이 부족한 사람들은 다른 사진가들에게 일을 맡기면서 종종 이렇게 주문한다. "질처럼 해줘요."

오늘날 카메라는 흔한 물건이 되었지만 대부분의 사람에겐 질처럼 결단을 내릴 용기가 없다. 끝까지 자신의 길을 고수하고, 돈을 떠나 그렇게 많은 사진을 찍을 용기도 없다. 질은 다른 사람들이 할 수 없는 것을 발견했고, 자신만의 특별한 방식으로 작품을 만들었다. 그리고 자신의 작품들을 과감하게 드러냈다.

지루한 인생을 걷어찬 찰리 오스몬드

찰리 오스몬드는 이미 스타의 반열에 올라섰다. 〈에스콰이어〉 영국판이 그를 올해의 기업가로 선정하기도 했다. 찰리는 지금까지 수백 명의 직원을 고용하고 있는 수익성 높은 기업을 여러 곳에 설립했다.

그는 사업을 벌이고 서비스 중심적인 컨설팅 비즈니스를 운영하는 방법을 잘 안다. 동시에 그는 자신의 약점도 잘 알고 있다. 그래서 균형 잡힌 창업자이자 경영자가 되기 위해 자신의 관리능력을 높이는 데 많은 시간과 힘을 쏟았다. 그는 현명한 기업가들의 접근방식을 택했고, 성공을 거두었다.

그렇지만 얼마 지나지 않아 지루함이 찾아왔다.

2013년부터 그는 인생의 새로운 장을 시작하면서 꿈을 향해 달리고 있다. 과거의 명성과 성공이라는 자산을 잃어버릴 수도 있다는 것을 알고 있었음에도 위험을 감수하면서 트립티즈라는 새로운 회사를 설립했다. 기존의 컨설팅 사업과 관련이 없고, 기존 기업 고객들을 대상으로 하지도 않는 완전히 새로운 분야에 뛰어든 것이다. 트립티즈는 사람들이 온라인상에서 검색하면서 나누는 여행 정보들을 완전히 새로운 방식으로 재편하여 제공하는 회사다.

새로운 벤처 기업에 대해 이야기를 나누다 보면 그에게 뭔가 특별한 게 있다는 사실을 알게 된다. 그는 밖에서 무슨 일이 벌어지고 있으며, 다음에 무엇이 올 것인지를 상상하는 아티스트적 능력을 갖추고 있다. 그리고 더 중요한 것은, 이미 이룬 성공에 안주하지 않고 아직 경쟁력을 갖추지 못한 새로운 분야로 과감하게 뛰어드는 강력한 의지가 있다는 사실이다. 그는 안전하지만 따분한 삶이 아니라 위험이라는 생생한 자극을 사랑했다.

반대에 굴하지 않은 브루스 배빗

미국 내무장관을 지낸 브루스 배빗은 이런 말을 한 적이 있다. "자주 논란을 일으킨 장관들은 쫓겨날 위험을 감수해야 할 것이다." 그런데 얼마 후 브루스 자신이 그러한 위험에 처하게 되었다.

100여 년 된 엘화강 댐을 폭파하자고 주장했기 때문이다. 그 댐은 더 이상 아무런 쓸모가 없는데도 계속 존재하면서 연어의 산란 과정만 고되게 만들고 있다. 기자회견장에서 그는 이 야심 찬 계획을 발표하면서 내심 박수갈채를 기대하고 있었다. 그러나 상원의원들과 언론의 비난은 물론, 대통령의 질책까지 이어졌다.

결국 스스로 프로젝트를 추진해야만 했다. 그는 팀원들과 함께 예산 평가와 수문학hydrology 연구 및 퇴적물 분석 작업을 진행했다. 그렇게 노력을 기울였음에도 다른 사람들을 설득하지는 못했다. 미국에는 7만 5,000개가 넘는 댐이 있는데, 그중 어느 것도 브루스가 제안한 방식대로 폭파하지 않았다.

몇 년 후 이 끈질긴 내무장관은 훨씬 작고, 더욱 쓸모없는 노스캐롤라이나의 댐을 파괴하기로 했다. 이번에는 널리 홍보를 하지 않았고, 당연하게도 반대의 목소리는 작았다. 댐을 폭파하고 나자 물고기들의 개체수가 불과 1년 만에 40년 전의 수준으로 회복

되었다. 여기서 그는 지금까지 의존하고 있던 통계 자료 이상의 것을 손에 넣었다. 댐 폭파 프로젝트가 시도할 만한 충분한 가치가 있음을 보여주는, 살아 있는 증거를 제시할 수 있게 된 것이다. 그리고 2012년, 마침내 엘화강 댐이 무너졌다.

이제 세상은 계산하지 않고, 눈치 보지 않고, 걱정하지 않으면서 자신의 길에 열중하는 아티스트들이 주도한다. 당신은 어느 편에 설 텐가.

THE ICARUS DECEPTION

THE ICARUS DECEPTION

PART 1

일생일대의
기회가 온다

이카루스의 속임수

그리스 사모스 섬 남쪽으로 이카리아 해가 펼쳐져 있다. 신화에 따르면, 자만의 희생자 이카루스는 그곳에 빠져 죽었다고 한다.

이카루스의 아버지 다이달로스는 손재주가 비상하여 만들어 내지 못하는 게 없는 발명가였다. 미노스 왕에게 의탁하던 시절, 반인반우의 모습을 한 미노타우로스를 가둬두기 위해 미로를 설계한 장본인이기도 하다. 이후 그는 미노스의 뜻을 거역한 죄로 아들 이카루스와 함께 그 미로에 갇히게 된다.

그곳에서 다이달로스는 기발한 탈출 계획을 세웠다. 몸에 날개를 달기로 한 것이다. 두 사람은 깃털과 밀랍으로 만든 날개를 달고 날아올라 미로를 쉽게 빠져나왔다.

날아오르기 전 다이달로스는 아들에게 태양에 너무 가까이 가지 말라고 당부했다. 하지만 하늘을 나는 마법에 도취된 이카루스는 그 말을 까맣게 잊어버리고 점점 높이 올라갔다. 우리는 그다음에 무슨 일이 벌어졌는지 잘 안다. 밀랍이 녹아내렸고, 날개를 잃은 이카루스는 바다에 떨어져 죽음을 맞이했다.

이 이야기의 교훈은 이런 것이다. 왕의 뜻을 거역하지 말라. 아버지 말씀을 어기지 말라. 자신의 능력을 과대평가하지 말라. 그리고 가장 중요한 것으로, 자신에게 신의 능력이 있다고 자만하지 말라.

그런데 이 이야기에서 빠진 부분이 있다. 그것은 다이달로스가 이카루스에게 너무 높게는 물론, 너무 낮게도 날지 말라고 경고했다는 점이다. 수면에 너무 가까이 날다가는 날개가 젖어 물에 빠져 죽을 수 있으니까.

그러나 우리 사회는 이 신화에서 너무 낮게 날아서는 안 된다는 경고를 의도적으로 무시했다. 그리고 자신의 존재를 적극적으로 드러내거나 소란을 피워서는 안 된다고 끊임없이 서로를 질책하도록 만들어놓았다. 산업주의자들은 자만을 일곱 가지 죄악 중 하나로 꼽으면서, 그보다 더 위험한 한 가지는 교묘하게 제거해버렸다. 바로, 너무 적은 것에 만족하는 겸손이다.

너무 높게 나는 것보다 너무 낮게 나는 것이 훨씬 더 위험할 수 있다. 왜냐하면 '안전하다'는 착각을 주기 때문이다. 우리는 낮은 기대와 소박한 꿈에 만족하고, 자신의 능력을 과소평가하면서 안전하다는 느낌 속에 살아간다. 그러나 너무 낮게 날 때 우리는 우리 자신만이 아니라 우리에게 의존하고 도움을 받는 사람들까지 기만하게 된다. 잔뜩 겁을 집어먹은 채, 위험을 피하는 데만 급급해진다.

우리는 지금 과거 어느 때보다 더 높이 날 수 있는 세상을 맞이했다. 하지만 안타깝게도 낮게 날아야 한다는 유혹에 여전히 매여 있다. 우리가 나아갈 길은 무모한 어리석음도, 자기 생각이 없는 복종도 아니다. 한 사람의 인간이 되고, 마음껏 높이 날아오르는 것이다.

당신의 안락지대는 어디에 있는가

안전지대safety zone는 간단한 예로 당신의 비즈니스가 우호적인 환경에서 순조롭게 굴러가는 영역을 말한다. 비즈니스뿐 아니라 생활이나 조직에도 적용할 수 있는 개념이며 정치나 경제, 사회, 기술적인 요인 등 외부 환경에 영향을 받는다. 외부 환경이 변화하면 당연히 안전지대도 이동한다.

이에 비해 안락지대comfort zone는 당신이 내면적으로 편안하게 느끼는 영역을 말한다. 안락지대 안에 머물 때 당신은 기분이 느긋해지고 긴장감 없이 일하거나 생활할 수 있으며, 그 안에서는 실패의 두려움도 크지 않다. 오랜 시간에 걸쳐 자신에게 익숙해진 영역이어서 습관적으로 행동하면 되기 때문이다.

우리 인생은 안락지대와 안전지대를 조율해가는 과정이라고 할 수 있다. 언제 나아가고 언제 물러설지를 배우며, 내가 지금 위험지대에 들어섰는지 아닌지를 깨닫는 과정이다.

지금까지 우리는 울타리 안에 가만히 있어야 한다고, 그래야 안전하다고 배웠다. 안전이라… 적어도 최근까지는 그랬을지 모른다. 이 두 가지가 오랫동안 일치했기 때문이다.

하지만 시대가 바뀌면서 안전지대도 그에 맞게 옮겨 갔다. 경제 판도가 뒤집히고 법칙이 바뀌었다. 우리를 둘러싸고 있던 산업사회라는 울타리는 이제 허물어졌다. 그럼에도 오랫동안 그 시스템에 길들어온 우리는 바뀐 세상을 제대로 보지 못하고 있다.

우리에겐 의사결정을 내릴 때마다 안전지대 안에 있는지 확인할 여유가 없다. 그렇다 보니 안전지대는 차츰 잊어버리고, 대신 그 쌍둥이 자매인 안락지대에 주목하기 시작했다. 다시 말해 심리적으로 안전하다는 느낌만을 중시하게 된 것이다.

'안전지대는 이동했다. 하지만 당신의 안락지대는 이전 그대로다.' 중역 사무실, 유명 대학, 안전한 직장 등 기존에 안전하다고 확신했던 곳들이 더는 그렇지 않다. 당신은 머뭇거리면서 여전히 그것들을 붙들고자 하지만, 새로운 변화의 흐름에 저항해봤자 얼마 버티지 못할 것이다.

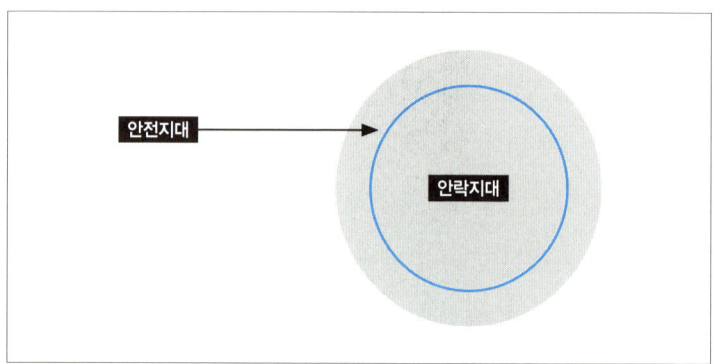

안전지대와 안락지대 : 성공한 사람들은 자신의 안락지대를 안전지대에 일치시킨다.

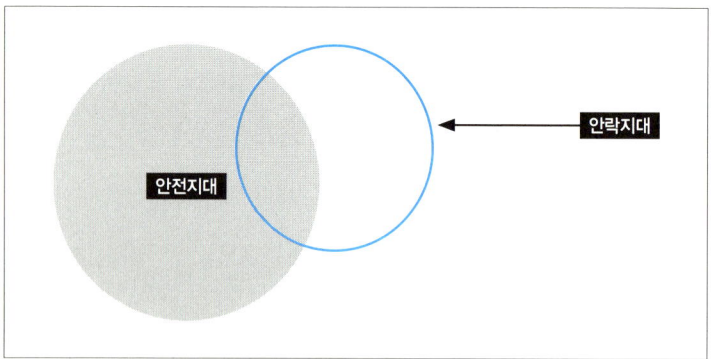

안전지대의 이동 : 안전지가가 이동했음에도 이전의 안락지대에 머무는 것은 위험하다.

　우리는 실수를 저지르고 있다. 자신의 존재를 드러내지 않고, 권위에 복종하기만 하면 아무 문제가 일어나지 않는 안락지대에 머물려고 한다. 스스로 생각하는 수고를 들이지 않고 지시에만 따르면 되기에 몸을 움츠린 채 수면에 최대한 가까이 날고자 한다.

그 안락지대 안에서 성공을 향해 나아가고자 수많은 회의에 참석하고, 다양한 책을 읽고, 여러 세미나에 참석한다. 그러나 이미 이동한 안전지대를 향해 자신의 안락지대를 옮기지 못한다면, 어떤 노력도 한계에 부딪힐 수밖에 없다.

안전지대는 여전히 존재한다. 다만 우리가 안전하다고 느끼는 곳과 달라졌을 뿐이다. 새로운 안전지대에서는 아트와 혁신, 파괴와 재탄생이 일어나고 있다. 그리고 계속해서 더욱 깊은 인간적인 관계가 만들어지고 있다. 지금 당신에게 필요한 것은 안전지대가 이동했다는 깨달음이다. 그것이 자신의 안락지대를 재점검하도록 자극제가 되어줄 것이다.

안락지대를 새로운 안전지대로 이동시키는 것은 수영을 배우는 것과도 같다. 수영은 물속에서 살아남을 수 있는, 그리고 즐길 수 있는 중요한 기술이다. 하지만 수영을 배우는 동안에는 편안함을 느끼지 못할 것이다.

그런 점에서 새로운 것에 도전하지 않을 때 불안해지고, 상황이 바뀌지 않을 때 마음이 불편해지며, 최근에 전혀 실패를 맛보지 않았다는 사실에 실망감이 든다면 당신은 지금 수영을 배우는 중이라 할 수 있다. 조금만 더 지나면 당신은 새로운 안전지대에서 살아남을 뿐 아니라 그 환경을 즐길 수 있게 될 것이다.

기존 질서에 맞서라

우리가 맞이한 새로운 시대는 두 가지 원동력으로 이끌려간다. 즉, 널리 유행하는 아이디어를 만들어내는 행동 그리고 따로 떨어진 것들을 하나로 연결하는 행동이다.

지금의 안전지대는 이 두 가지 행동을 자연스럽게, 마음껏 시도할 수 있는 곳이다. 현재 상태를 고집하고 변화에 저항하는 태도는 전혀 도움이 되지 않는다. 우리의 경제와 문화가 이미 완전히 달라졌기 때문이다.

그렇기에 이전 어느 때보다 현재의 우리에게 아티스트적인 자세가 필요한 것이다.

'아티스트'라는 말을 들었을 때 가장 먼저 어떤 생각이 들었는가? 살짝 정신이 이상해 보이는 살바도르 달리나 자기파괴적인 잭슨 폴락의 얼굴이 떠오르진 않았는가? 아트를 하려면 조니 뎁이나 아만다 파머 같은 인물처럼 되어야 한다고 생각했을지도 모르겠다.

그러나 그건 위험할 뿐 아니라 완전히 틀린 생각이다.

오스카 와일드는 아트를 '새롭고, 복잡하고, 필수적인' 것이라고 했다. 전적으로 옳은 말이다. 이 시대가 요구하는 아트는 유전자를 타고나거나 특별한 재능이 있어야만 할 수 있는 게 아니다. 하나의 태도이며, 문화를 기반으로 이루어지고, 이를 받아들이고자 하는 모든 이들에게 열려 있는 기회다. 단지 미술관에 전시되는 작품이나 무대에서 이루어지는 공연을 가리키는 게 아니라, 인간이라는 존재의 고유한 특성이며 교감을 나누는 작업을 말한다.

새로운 틀을 구축하고, 사람과 아이디어를 연결하고, 정해진 규칙 없이 시도하는 것. 바로 이런 것들이 아트다. 지금 그런 일을 하고 있다면 당신이 바로 아티스트다. 작업복을 입고 있든 컴퓨터를 이용하든, 또는 혼자 일하건 종일 다른 사람들과 함께 일하건 간에 말이다. 정답이 아니어도 자신 있게 자기 생각을 말하고, 안전한 길을 버리고 위험 속으로 과감하게 뛰어들며, 일이 이뤄지는 과정과 사람들에게 미치는 영향을 모두 중요하게 여기는 태도야말로 오늘날 우리 사회와 경제가 요구하는 것이며, 우리가 목표로 해야 하는 아티스트의 모습이다.

다시 말해 아티스트란 기존 질서에 도전하는 용기와 통찰력, 창조성과 결단력을 갖춘 사람이다. 작업과 그 과정, 자신과 관계를 맺고자 하는 청중에 대해 아티스트는 지극히 개인적인 차원에서 그 모든 자질을 발휘한다.

행동하라

요즘 유행하는 비즈니스 개념들로 롱테일, 티핑포인트, 퍼플카우, GTD 등이 있다. 하지만 이것들도 실천 없이는 아무런 의미가 없다. 당신이 직접 과감하게 도전하고, 자신의 존재를 드러내고, 새롭고 복잡하고 중요한 가치를 만들어내지 못한다면 아무 일도 일어나지 않을 것이기 때문이다.

또 첨단 전략과 전술이라 떠벌이는 것들도 많다. 아무런 어려움 없이 목표를 달성할 수 있다고 우리를 유혹하는 것들이다. 새로운 전략을 배우고, 확실하고 객관적인 성공의 길을 모색하고, 획기적인 기계나 기술 또는 아이디어를 새로운 시장에 내놓기만 하면 아무런 문제없이 목표를 달성할 수 있으리라고 말한다. 아이디어가 바이러스처럼 퍼져 나가고, 티핑포인트를 넘어서고, 롱테일이 더 길어질 것이라고 설명한다.

이런 아이디어들을 소개하는 책도 많다. 나는 그런 책들을 많이 읽었으며 그중 몇 권은 쓰기도 했다. 사실 나는 이런 책들을 무척 좋아한다. 하지만 아이디어만으로는 충분치 않다. 아무리 훌륭한 발상이라도 그것만으로는 쓸모가 없다. 스스로 변화하지 않는다면, 뜨거운 열정과 실패를 맞닥뜨리고자 하는 강한 의지가 없다면 어떤 것도 이룰 수 없다.

음반산업 분야의 중역들을 대상으로 강연을 한 적이 있다. 마이크로소프트와 소니 레코드, 프리랜서 음악가들이 참석한 자리였다. 강연 중 음반 시장의 전반적인 상황을 검토하고 예전처럼 화려한 시절을 맞이할 수 있을까에 대해 이야기를 나눴는데, 참으로 뜻밖의 반응을 접했다. 한 참석자의 눈에는 두려움이 역력했고, 계속되는 회의 탓에 권태감만 남아 있는 경영자도 있었다.

그리고 그 자리에 있던 대부분은 절호의 기회를 놓쳤다며 탄식했다.

그들은 무엇을 해야 할지 잘 알고 있었다. 다만 그것을 행동에 옮기고자 하는 의지가 없었다. 분명하고 뚜렷한 기회가 왔음에도 마냥 바라보기만 했다. 그게 마음 편하기 때문이다. 가만히 있으면 실패할 일은 없다고 생각한 것이다.

컨설턴트와 스프레드시트로 이뤄진 냉정한 세상에는 전략과 전술이 넘쳐난다. 기존의 사고방식을 바꾸지 않고서도 우리는 얼마든지 그 외부의 도구들을 사용할 수 있다. 하지만 그것들을 가져다 쓴다 해서 일이 되는 건 아니다. 내부에서 변화가 일어나지 않고는 외부의 어떤 것도 진정한 힘을 발휘할 수 없기 때문이다. 그게 바로 아트가 필요한 이유다.

줄을 서서 기다리는 일은 이제 그만두어라

예전에는 충성과 복종으로 보상을 받았지만, 이제 우리 사회는 아트를 하는 사람들에게 보상을 준다. 그러므로 우리는 당장 아트를 시작해야 한다.

자신은 절대 아티스트가 될 수 없다고 결정을 내렸다면, 그 이유가 무엇인지 그리고 그 결정을 뒤집기 위해 무엇이 필요한지 생각해보자. 어떤 분야든 자신에게 재능이 없다고 선언했다면,

어쩌면 그 재능을 숨기고 있는 것인지도 모른다. 아트는 두려움을 주기 때문이다. 어쩌면 우리를 폭발시킬지도 모른다. 그러나 아트는 우리 자신이자 우리의 욕망이다.

지금 나는 인간적이고, 용기가 필요하고, 세상의 모든 것을 바꿀 무한한 잠재력을 지닌 일에 대해 이야기하고 있다. 바로 아트다. 아트야말로 새로운 가치를 창조하고, 이를 나누는 과정에서 다른 사람들과 연결되는 인간적인 작업이다.

다시 강조하지만 이 책은 우리가 왜 아티스트가 되어야 하는지, 왜 도전할 만한 가치가 있는 것인지 그리고 왜 마냥 기다리기만 해서는 안 되는지를 이야기하는 책이다.

아트는 결과물이 아니라 여정이다. 앞으로 우리가 해야 할 일은 스스로의 마음과 영혼을 온전히 바칠 만한 여정을 발견하는 것이다.

"자유란 자신이 원하는 대로 할 수 있는 능력을 말한다.
또한 자신이 원하는 모든 것을 이루려는 의지를 말한다."

새로운 형태의 희귀함

우리는 살아가면서 많은 것을 기대하고, 대부분은 큰 어려움 없이 실현된다. 예컨대 스위치를 켜면 불이 들어올 것이라 기대하고 위키피디아에 접속하면 정보를 찾을 수 있을 것이라 기대한다.

그러나 일반적으로 그렇게 기대할 수 없는 것들 그리고 쉽고 간편하게 얻을 수 없는 것들은 많은 돈을 내고서라도 얻고자 한다. 사람들이 진정으로 바라는 것은 기대를 넘어서고 희귀하고 가치 있는, 한마디로 대체할 수 없는 무엇이다.

오늘날 희귀함의 기준은 예전과 다르다. 우수한 품질의 제품은 더는 희귀한 물건이 아니다. 뛰어난 인재도 드물지 않다. 훌륭한 선택지가 너무나 많은 것이다. 다양한 제품과 인재를 얼마든 지 선택하고 고용할 수 있다.

이제 진정 희귀한 것은 연결과 신뢰, 놀라움이다. 훌륭한 아티스트의 작품에는 이 세 가지가 고스란히 담겨 있다. 그중 연결에 관해 먼저 짚어보자.

현대인은 현실보다 인터넷상에서 더 많은 시간을 보낸다. 인터넷에서 우리는 모두 연결되어 있다. 모든 사람이 컴퓨터 속의 유령이자, 소란을 피우고 모든 것을 만들고 바꾸어가는 존재다.

우리가 네트워크로 방출하는 정보는 우리가 그곳에서 받아들이는 정보에 영향을 미친다. 네트워크는 사람과 사람, 사람과 조직 그리고 더 중요하게 사람과 아이디어를 연결한다.

이 새로운 네트워크는 연결을 가능케 하고, 모임을 만들고, 개성을 강조하고, 아이디어를 전달함으로써 아트를 고무시킨다. 지루할 틈을 조금도 주지 않는다.

글을 쓰고 싶다면, 블로그가 있다. 그냥 쓰면 된다. 예를 들어 제니 자댕이나 대니얼 라포트와 같은 사람들은 거대 미디어의 도움 없이도 수백만 명의 사람과 관계를 형성하고 있다.

노래나 동영상을 올리고자 한다면 유튜브를 찾으면 된다. 당신의 작품을 지구촌의 수많은 사람이 보게 될 것이다. 비용이 하나도 들지 않았을 법한 저드슨 라이플리의 짤막한 동영상은 이미 2억 건이 넘는 조회수를 기록했다.

이러한 흐름이 어느 순간 위축되리라고는 상상조차 할 수 없다. 변화는 이제 시작에 불과하다.

"혁명은 완전한 카오스를 동반한다. 그래서 혁명적인 것이다."

새로운 안전지대, 연결경제

이처럼 네트워크를 바탕으로 하는 경제가 바로 연결경제다. 획기적인 발명을 공유하거나 프로젝트에 투자하거나 심지어 체제를 무너뜨리고 싶다면, 오늘날만큼 좋은 기회도 없을 것이다.

이러한 시대에 우리가 만들어내는 작품의 가치는 얼마나 쓸모 있는 정보를 생산하는지, 얼마나 많은 신뢰를 얻을 수 있는지 그리고 얼마나 자주 혁신할 수 있는지에 달려 있다.

산업경제에서는 철도와 전구, 건물을 만드는 사람들이 부를 거머줘었다. 지금까지 우리 자산의 대부분을 이루는 것도 바로 그것들이다. 하지만 이제 사람들은 생산성이 아닌 혁신적인 가치를 찾고 있다. 그렇기에 연결경제는 리더와 개척자, 혁명가에게 보상을 준다.

인터넷이 개발된 건 레이디 가가의 뮤직비디오를 감상하기 위해서가 아니다. 하나의 네트워크로서 더 큰 의미와 역할을 지니고 있다. 컴퓨터나 스마트폰만 있으면 전 세계 누구와도 연결될 수 있다. 그리고 이러한 네트워크가 세상을 바꾸어나가고 있다.

예컨대 당신이 공장주라고 해보자. 공장에 불이 났다고 해도 고객층만 든든하다면 다시 일어설 수 있다. 그러나 고객을 잃어버린다면 아무리 시설 좋은 공장이 있다 해도 아무런 쓸모가 없다. 고객 네트워크를 충실히 하지 못해 비어가는 공장이 얼마나 많은지를 생각해보라.

조직을 위해 일하는 사람들로 가득한 기업은 내적 동기에 따라 일하는 사람들로 가득한 기업을 이길 수 없다. 조직 구성원의 네트워크를 살펴봐야 하는 이유다.

또, 평범한 소비자를 위한 평범한 제품을 홍보하기 위해 돈을 쏟아붓는다면 늘 광고비 부족에 허덕일 것이다. 반면, 특별한 제품과 서비스를 개발하기 위해 돈을 투자한다면 광고에 많은 돈을 퍼부을 필요가 없을 것이다. 소비자들이 서로서로 연결을 이루면서 기업에 더 많은 소비자를 몰고 올 것이기 때문이다.

연결경제는 우리가 직장을 구하는 방식은 물론, 그렇게 구한 직장에서 업무를 처리하는 방식도 바꾸어놓았다. 뭔가를 만들고, 음악을 듣고, 글을 쓰거나 읽는 것 그리고 어디서 무엇을 먹을지, 누구랑 먹을지를 결정하는 방식을 바꾸어놓고 있다. 이러한 변화에 따라 평범한 소비자들을 위한 평범한 제품들로 가득한 시장 기반이 허물어지고, 그 외부에 특별한 공간이 생겨나고 있다. 특별한 취향을 가진 사람들은 거기서 자신과 취향이 비슷한 사람들을 만나고, 그 관계 속에서 관심을 더욱 높여나간다.

네트워크를 기반으로 하는 연결경제는 선택권과 판매 통로를 무한하게 확대한다. 그리고 동시에 소수의 관심과 신뢰를 더욱 중요한 요소로 만들어간다. 무엇보다 연결경제는 재능이라는 것이 차지하던 독보적인 지위를 무너뜨리고 그 자리를 새롭고, 실질적이고, 중요한 가치를 추구하는, 만족할 줄 모르는 욕망으로 채우고 있다.

'새롭고, 실질적이고, 중요한'이란 수식어는 아트를 정의하는 세 가지 요소다. 연결경제는 이 세 가지 가치가 꾸준히 공급되어야 돌아간다. 연결경제는 새로운 자산, 즉 이제야 제대로 평가받고 주목받게 된 자산을 쌓아나가고 있다. 언젠가부터 건물이나 규칙, 포장과 같은 것들이 중요치 않게 되었다. 가치는 이제 사람들을 연결하는 통로에서 만들어지는데, 그러한 통로를 만들어내는 것이 바로 아트다.

"아트는 힘들고, 위험하고, 깜짝 놀라게 만드는 일이다.
열정을 쏟기로 마음먹었다면, 아트가 유일한 선택이다."

허물고, 무너뜨리고, 바꿔라

카드 한 벌을 순서대로 나열하는 데에는 한 가지 방법밖에 없다. 접시들은 정해진 방식대로 쌓아야 한다고 설명서에 나와 있다. 산업경제는 이와 같은 일관성을 중요시한다.

반면 아트에서는 일관성을 찾기 힘들다. 아트는 혼란스럽고, 예기치 않은 모습을 드러낸다. 목록을 작성하거나 개요를 만들기 힘들며, 예측이 불가능하다. 그리고 아트를 하는 데는 열정이 있어야 한다. 열정은 기계가 아니라 인간의 두뇌처럼 작동한다.

유능한 사람은 자신의 능력에 만족한다. 뭔가를 아주 잘할 때, 방식을 바꾸거나 새롭게 시도하려고 노력하는 일은 성가신 일이다. 적어도 잠깐은 능력을 발휘하는 데 애를 먹으니까.

아트는 위험한 것이다. 우리를 안락지대에서 미지의 장소로 계속해서 떠밀기 때문이다. 미지의 장소는 칠흑같이 어둡고, 실패의 가능성이 높은 곳이다(물론 성공 가능성이 높은 곳이기도 하다). 특히 어떤 분야에 익숙할수록 우리의 본능은 미지의 장소를 멀리하도록 만든다. 안락지대에 머물도록 부추기면서 안전지대가 이동했다는 사실을 외면하게 한다.

이제 복종은 접어두고 아트에 도전하겠다고 마음을 먹었다면, 당신의 첫 번째 과제는 기존의 틀, 다시 말해 일을 바라보는 관점을 바꾸는 것이다. 틀을 바꾼다는 말은 지금껏 중요하다고 여겨온 것들을 바꾼다는 뜻이다. 마음속의 묵은 것들을 부숴버릴 혁명이 필요하다는 뜻이다.

자기 집이 불타는 장면을 보고 좋아할 사람은 없을 것이다. 하지만 혁명이 하는 일이 바로 그것이다. 혁명은 완전함을 허물고, 현재 상태를 무너뜨리고, 모든 것을 바꾸어놓는다.

그러고 나면, 지금까지 불가능했던 것들이 가능해진다. 우리에게 기회의 순간이 찾아왔다. 앞으로 누군가는 우리를 이끌고, 세상의 끝을 탐험하고, 놀라운 가치를 만들어낼 것이다.

고통을 즐겨라

사람들은 스타 아티스트들을 부러워하는 눈빛으로 바라본다. 아트는 '그들'의 것이고 나와는 관계가 없다고 생각한다.

그러나 세상에 놀라운 변화를 가져온 사람들 중에서 처음부터 그런 힘을 타고난 이는 없다. 그러니 제발, 아트를 하려면 아티스트인 채로 태어나야 한다고 생각하지 말자. 그건 정말이지 말도 안 되는 일이다. 물론 타고난 재능을 발휘했다는 것은 사실이지만, 아무런 고통 없이 저절로 그렇게 된 사람은 없다. 가능성의 고통, 상처받기 쉬운 고통, 위험을 극복해야 하는 고통을 겪어야 한다. 그러한 고통을 외면한다면 변화를 이룰 수 있는 절호의 기회는 사라지고 만다.

사람들은 고통을 피하기 위해 신경을 무디게 만든다. 하지만 또 다른 형태의 고통이 조만간 그 자리를 대신한다. 조직의 작은 부품이라는 역할에 만족하고, 재능을 썩히고, 자신의 미래를 남의 손에 맡기는 한 고통은 끊임없이 이어진다.

이건 해볼 만한 거래가 아니다. 신화학자 조지프 캠벨의 표현을 빌리자면, 사람은 "살아 있음을 느끼기 위해" 아트를 해야 한다. 그렇지 않다면, 당신은 지금 자신을 마취 상태로 밀어넣고 있는 것이다. 지시에 따르기만 하면 많은 돈을 벌 수 있다는 거짓된 안전함의 유혹에 자신을 내맡기는 것이다.

고통은 살아 있다는 증거이며, 아트는 살아 있다는 증언이다. 십대들이 겪는 성장통처럼 아트의 세계와 맞닥뜨리는 고통은 삶의 중요한 일부이며, 더 나은 자아로 도약하기 위한 몸부림이다.

용기란 죽음에 과감하게 맞서는 영웅적인 자질만을 뜻하는 게 아니다. 또한 사람들의 칭송을 받을 만큼 거대한 모험에 도전하는 행위를 가리키는 것도 아니다. 자신이 생각하는 바를 말로 표현하고, 그러한 생각을 지키려는 의지를 뜻한다.

물론 용기 있는 사람이 되려면 위험을 감수해야 한다. 냉장고를 여는 데에는 용기가 필요 없다. 아무런 위험이 없기 때문이다.

하지만 자기 견해를 고수하는 데에는 위험이 따르고, 그래서 용기가 필요하다. 자신이 믿는 바를 입 밖으로 꺼내는 순간 우리는 다른 사람들이 나에게 그리고 내면의 자아에게 직접 이야기할 수 있도록 문을 활짝 열어놓은 것이다.

"용기란 비판에 익숙해지는 게 아니라 자신의 이야기를 하는 것이다."
_브레네 브라운(심리학자)

자신을 드러내라

아트에는 시장과의 충돌, 이를 받아들이는 사람들과의 상호작용 그리고 가치를 주고받는 과정이 따른다.

계획을 세우거나 구상을 할 수도 있고, 아니면 종일 시스템에 불평불만을 쏟아낼 수도 있겠지만 정작 아무것도 드러내지 못했다면 그건 아트가 아니다. 새로운 '관계'를 이루고 이를 통해 가치를 나누지 못했다면, 아무 일도 하지 않은 것이다.

어느 날 우연히 자신의 아이디어가 주목받아 사람들을 움직여서 놀라운 변화를 만들어낼 수도 있을 것이다. 그렇다고 해도 그 아이디어를 만든 게 자신임을 끝까지 숨기려 든다면, 아티스트로 인정받을 수 없다. 인간적인 관계로 연결되기 전에는 아트라고 할 수 없기 때문이다.

사람들은 당신이 기발한 아이디어로 가득한 공책을 꺼내서 보여주기를 바라는 게 아니다. 대신 당신이 이룩한 관계와 놀라운 영향력에 관한 이야기를 들려주길 기다린다.

관계를 형성하고, 변화를 이끌고, 소동을 벌이고, 유산을 남기자.

오늘날의 경제는 '지시를 따르고 안전한 방식으로 일하면 얼마든지 먹고살 수 있다'는 명제를 거짓으로 만들어버렸다. 먹고살기는 예전보다 더 힘들어졌다.

선택은 이제 당신에게 달렸다.

"우리는 새롭게 배우기보다 정답을 외우고,
변화를 시도하기보다 시험에 통과해야 한다고 배웠다.
그리고 더 중요한 것으로,
힘 있고 돈 있는 사람들과 어울려야 한다고 배웠다.
하지만 이제 우리 자신의 존재를 드러내야만 하는 순간이 찾아왔다."

THE
ICARUS
DECEPTION

PART 2

허물고, 무너뜨리고, 바꿔라

쓰레기더미부터 치우자

크러프트랩은 하버드 물리학부 소속의 연구실로 백여 년 전에 무선공학자 조지 워싱턴 피어스가 수정발진기를 발명한 곳이다. 그의 발명이 없었더라면 라디오 방송이 지금처럼 발전하지 못했을 것이다.

그런데 크러프트랩은 중요한 개념의 탄생지로 더 유명하다. 오늘날 '크러프트cruft'라는 단어는 방치된 폐기물이나 쓸모없는 컴퓨터 프로그램, 고장 난 기계, 텅 빈 박스, 기술 진보에 맞춰 신중하게 처리해야 하는 쓰레기 등을 뜻하는 공학 용어로 쓰인다. 바로 크러프트랩의 실제 상황에서 기원한 것이다.

이 연구실에는 수십 년 동안 버려진 레이더 부품, 쓸모가 없어진 회로판, 낡은 진공관들이 쌓여갔다. 예전에는 중요했지만 지금은 걸리적거리기만 하는 것들이 창문 너머로 높아만 갔다. 급기야 연구실에서는 이 쓰레기더미를 치우기 위해 대대적인 공사를 벌여야 했다.

혁명을 쉽게 이야기하자면, 바로 이런 상황일 것이다. 한때는 중요했지만 지금은 도리어 방해가 되는 것들, 그것들을 없애는 것이 혁명의 시작이다.

우리를 압도하는 거대한 쓰레기더미 앞에서 진보하기 위해서는 무엇을 남겨둘 것인지 결정해야 한다.

가장 간단한 방법은 몽땅 보관하는 것이다. 오래전에 작동했던 모든 것을 그대로 놔두고, 혁명 이후의 새로운 세상을 바라봐야 할 창문 아래 숨겨두는 것이다. 그건 쉽다. 세상이 충분히 느리게 돌아가 준다면, 당분간은 아무런 문제가 없을 것이다.

그런데 지금은 아니다. 기존의 교육과 업무, 경제, 기대를 떠받치고 있던 산업 시대가 급격히 무너지고 있다. 게다가 우리의 예상보다 훨씬 빠르게 진행되면서 엄청난 고통과 혼란, 공포를 낳고 있다.

우리는 지금 산업 시대의 쓰레기더미에 그리고 그 시대의 기대와 믿음, 기준에 파묻혀 있다.

하지만 그것이 바로 기회다. 가장 먼저 쓰레기를 치우고, 미련을 버리고, 낡은 것들을 몽땅 묻어버리는 사람이 그 기회를 잡을 수 있다. 우리가 바라는 것은 걸리적거리는 쓰레기더미가 없는 세상 그리고 반복되는 단순 작업이 아니라 창조 활동에 집중할 수 있는 세상이다.

복종이 아니라 성취가 중요하다

심리학자이자 사회학자인 데이비드 맥클러랜드는 역사적으로 특정 시대에 성장률이 특히 높았던 원인을 주제로 획기적인 논문을 발표했다. 1959년에 발표한 이 논문에서 그는 어떤 문화는 번성 했지만 어떤 문화는 쇠퇴의 길을 걸을 수밖에 없었던 원인을 밝혔다.

그는 번영의 시대를 이끌었던 원동력이 민족도, 기후도, 카리스마 넘치는 지도자의 능력도 아니라고 지적했다. 르네상스나 실리콘밸리 또는 1800년대 말 프랑스에서 일어났던 사회적 변화는 모두 문화적이면서 기술적인 혁명이라는 것이다. 특히 특정 시대의 번영은 사람들의 성취 욕구를 자극하는 문화에서 시작되었다. 새로운 것을 창조하고 발전시키는 문화적 원동력이 왕성한 국가와 지역 그리고 시대일 때 긍정적인 변화가 일어난다. 이 말은 이 글을 쓰고 있는 지금 이 순간에도 분명한 진실이다. 동시에 성공과 밀접한 관련이 있는 또 다른 진실은 사회 내부에 '성공을 갈망하는' 사람들이 많다는 것이다. 오늘날 우리도 그러한 시대가 다시 오기를 너나없이 고대하고 있다.

맥클러랜드 팀은 수천 명을 대상으로 하여 여러 가지 기발한 방법으로 실험을 했다. 그들은 피실험자들에게 머릿속의 공상과 미래의 소망에 대해 이야기를 해보도록 했다. 그 결과, 사람들의 성취 점수(이야기 속에서 성취에 대한 욕구를 드러낸 전체 횟수)가 업무적인 의사결정에 상당한 영향을 주었다는 사실을 확인할 수 있었다. 가령 성취점수가 높다는 말은 '기억력이 더 좋고', '심리학 실험에 지원할 가능성이 더 높고', '사회적 압력에 더 강력하게 저항하는' 사람이라는 의미다.

복종을 중요시하는 산업경제에서 성취를 중요시하는 연결경제로 넘어가면서, 우리는 다음과 같은 질문에 답해야 한다.

우리는 지금 사회 구성원들이 더 높은 꿈을 꾸도록 격려하는 문화와 더불어 이러한 변화의 흐름에 기여하고 있는가?

우리 사회는 사람들의 도전 의식을 자극하고 있는가?

우리 사회는 사람들이 표준화된 시험과 매뉴얼에서 벗어나 실질적으로 중요한 활동으로 넘어갈 수 있도록 격려하고 있는가?

그다음 리더는 누가 될까

1920년에 고등학교 졸업식에서 연설을 했다면, 나는 이렇게 말했을 것이다.

축하합니다! 이제 학업을 끝내고 일을 해야 할 시간이 왔습니다. 제너럴 일렉트릭에 취직하시기 바랍니다. 회사가 어떤 일을 시키든 받아들이세요. 전구나 변압기를 만드는 생산라인이 유망합니다. 한눈팔지 말고 성실히 출근하면서 악착같이 근무하세요. 일도 어렵지 않고, 월급도 많이 주는 안정적인 직장이니까요. 앞으로 40년 후인 1960년이면 여러분은 넉넉한 연금에다 자기 소유의 집과 함께 은퇴를 하게 될 겁니다. 옥수수를 키웠던 부모 세대보다 훨씬 더 많은 돈을 벌게 되는 거죠.

그로부터 15~20년이 흘러 이들 자녀의 졸업식에 초대받았다면, 이렇게 연설했을 것이다.

학생 여러분. 여러분의 미래는 대학이라고 하는 곳에 달려 있습니다. 여러분을 지금까지 키우기 위해 부모님들은 열심히 일하셨습니다. 하지만 아직 끝난 게 아닙니다. 대학에 들어가서 전문 지식을 쌓고, 관리하고 조직하는 법을 배워서 중간 관리자가 되어야 합니다. 기업은 급속도로 늘어나는 근로자 조직을 관리해줄 인재를 원합니다. 앞으로 4년 뒤에 여러분은 제너럴다이내믹스나 제너럴모터스, 제너럴일렉트릭 같은 제너럴 계열사에 입사해서 근로자들을 관리하는 간부가 되어야 합니다. 안정적이고 보수도 높은 일자리죠.

또다시 몇 년 뒤에 연설을 했더라면, 전문가가 되라고 당부했을 것이다. 사다리의 맨 위 칸에는 의사와 변호사가 자리 잡는다는 것을 알았을 테니.

그리고 TV를 통한 대중 마케팅 시대가 열리자, 우리는 다음 세대들에게 마케터나 광고인, 카피라이터 또는 투자은행가처럼 기계가 아니라 아이디어를 가지고 일하는 근로자가 되라고 독려했다. 아이들의 조부모들이 했던 일과 비교할 때, 그런 일은 지극히 추상적이다. 사다리를 몇 단계나 밟고 올라선 셈이다.

바로 그렇게 우리는 오늘날에 이르렀다. 그렇다면 그다음은 무엇인가? 농부에서 노동자로, 관리자에서 전문가로, 이제 상업적 지식인에서 그 다음은…?

가치 생산의 새로운 원천

프로그램 상영 정보를 소개하는 잡지인 〈TV 가이드〉가 프로그램들 자체보다 더 높은 가격에 팔렸을 때, 우리는 정보의 가치를 분명하게 확인했다. 콘텐츠에 관한 정보의 가치가 콘텐츠 자체의 가치보다 더 높다는 사실이다.

그렇지만 오늘날 중요한 것은 정보가 아니라 관계, 즉 연결이다. 기업들은 고객들과 관계를 맺는 시간 그리고 그 과정에서 나타나는 소비자들의 충성도와 열광이 쇳덩이를 가공하는 공장의 기계보다 더 많은 가치를 만들어낼 수 있다는 사실을 깨달아가고 있다.

또한 수많은 성공 사례가 가격이 아니라 신뢰로 주도해야 한다는 점을 계속해서 확인시켜주고 있다. 이제 기업의 과제는 자동차의 온열 시트가 제대로 작동하도록 만드는 것이 아니다. 과거 어느 때보다 쉽게 이룰 수 있고 가치도 높은 연결이라는 작업을 위해 짧은 시간을 최대한 활용하는 것이다.

안젤라 캅은 에스티로더사의 특별 프로젝트 및 뉴미디어 사업부의 첫 부사장으로 취임하여 그 거대 화장품 기업이 디지털 시대로 뛰어들도록 만든 장본인이다.

어느 기업도 기회의 실마리를 잡지 못하고 있을 때, 그녀는 과감히 시작했다. 아무런 지침도 없었다. 안젤라는 로레알이나 레블론의 경우를 참조할 수도 없었고, 그들을 따라 할 수도 없었다. 그 기업들 역시 전혀 감을 잡지 못한 채 전전긍긍하고 있었기 때문이다. 누구나 똑같이 아무런 단서도 없었지만, 그녀는 단호히 일어섰다.

그녀는 도전했고, 변화를 주도했다. 자신의 주장을 소리 높여 외쳤다. 물론 자신의 손으로 직접 한 것은 아니었지만 그녀는 유능한 인재들을 발굴하고, 사기를 높이고, 격려하는 방법을 잘 알고 있었다. 그녀는 또한 다양한 콘퍼런스를 돌아다니면서 자신이 알고 있는 것과 다른 사람들에게 배운 것을 모두 공유했다. 지치지도 않고 그러한 일을 계속해나갔다.

안젤라는 정보가 최고의 자산이 아니라는 사실을 잘 알고 있었다. 그녀에게 최고의 자산이란 앞으로 벌어질 상황에 과감하게 뛰어드는 용기다. 그래서 그녀는 자신의 비밀 정보들을 기꺼이 공유했고, 그 대가로 더 많은 것을 배웠다.

그렇게 10년의 세월을 보낸 뒤 안젤라는 다른 나라의 다른 소비자들과 또 다른 엄청난 일을 벌이기 위해 게임의 최정상에서 에스티로더를 나왔다. 에스티로더 사람들은 지금도 그녀를 그리워하고 있으며, 그녀가 키운 인재들은 그녀의 길을 따라가고 있다.

어떤 사람들은 시스템을 손보고 스프레드시트를 만지작거리지만, 아티스트 집단은 그 시간에 사람들을 연결하는 작품들을 만들어낸다.

연결경제는 끊임없이 기적을 만들어내면서, 동시에 기존의 안전지대에 존재했던 낡은 가치들을 파괴해간다. 묵은 것은 신경 쓰지 말자. 이제 우리가 주목해야 할 것은 연결을 통해 새로운 가치를 창조하는 일이다.

산업화의 예고된 종말

정육점 주인과 빵집 주인이 물물교환을 한다. 고기 한 덩어리에 빵 한 덩어리를 교환한다. 그 거래는 둘 다에게 이익이다.

빵집 주인은 정육점 주인보다 훨씬 효율적으로 빵을 구워낼 수 있다. 돈을 번 빵집 주인은 더 좋은 오븐을 장만한다. 예전보다 빵을 더 잘 구울 수 있게 되었고, 덕분에 손님들도 이익을 본다. 가격은 낮아지고 품질은 높아졌기 때문이다.

자본주의는 이런 식으로 세상을 변화시켰다. 거래 당사자 모두가 이익을 얻고, 그렇게 번 돈으로 기계와 설비에 투자해서 생산성을 높였다. 그렇게 이익은 계속 이어진다.

자본주의는 발전하고, 집약되고, 반복되었다. 그리고 결국 괴물이 되었다. 바로 산업화에 의해서다. 여기서 산업화란 실패의 위험을 없애고 현재 상태를 유지함으로써 힘을 강화해나가는 과정을 말한다.

산업주의자들은 품질을 높이고 가격을 낮추는 생산적인 경제뿐만 아니라, 지금까지 변하지 않았던 두 가지를 세계적인 차원에서 바꿔야 한다고 외쳤다.

첫째, 그들은 문화를 바꿔야 한다고 했다. 산업주의자들은 옛날의 왕들만큼이나 강력한 권력과 많은 돈을 갖고 있다. 그들은 왕의 허가를 얻어 법령을 공표하진 않는다. 대신 광고와 로비를 통해서 그리고 자신을 따르는 모든 이들의 손에 커다란 당근을 쥐여줌으로써 그렇게 한다.

산업주의자들이 축적한 어마어마한 부는 성공에 대한 정의를 바꾸어놓았다. 교육의 본질도 바뀌었다. 또한 대중 광고와 제도

교육, 대량생산의 등장으로 사람들이 시간과 자원을 소비하는 방식 또한 달라졌다.

산업주의자들은 로비를 통해 강변에 공장을 짓고, 폐수를 흘려보냈다. 반복적인 노동직과 지루한 관리직을 제공함으로써 임금을 줄였다. 그러면서 사회의 모든 분야에서 자신들의 자리를 요구했다. 정부와 학교, 과학, 종교 단체의 운영과 관련하여 발언권을 달라고 외쳤다.

이들이 이룩한 높은 생산성으로 사회는 비교적 부유해지고, 아이들을 더 잘 먹일 수 있게 되고, 의료 시스템도 좋아지면서 사람들의 불만도 차츰 사그라졌다. 산업주의자들은 우리에게 병원과 CD 플레이어, 휴대전화를 가져다주었다. 무슨 불만이 있겠는가?

하지만 문화적인 변화는 그들의 예상보다 훨씬 더 멀리 나아갔다. 또 다른 변화가 계속해서 이어졌으며 현재도 진행 중이다.

둘째, 그들은 꿈을 바꿔야 한다고 했다. 1세기가 넘도록 진행된 문화적 세뇌는 위압적인 영향력을 발휘했다. 사람들은 꿈을 바꾸어야 한다는 산업주의자들의 선전을 기꺼이 받아들였다.

현대인으로 살아간다는 것은 옛날보다 더 많은 부를 누리고, 더 건강하고, 사회적으로 더 많은 영향을 미칠 수 있다는 것을 의미한다. 그리고 그 말은 우리가 수천 년 동안 이어져 내려온 인간이라는 존재와 근본적으로 다른 존재가 되었음을 뜻한다.

산업주의자들은 사람들이 안전과 복종이 가져다주는 혜택을 더 많이 꿈꾸도록 하고자 했다. 그리고 모두가 소비의 쳇바퀴에 자신을 팔아넘기도록, 그래서 더 많이 복종하도록 만들고자 했다. 산업주의자들이 만들어놓은 조직의 사다리를 더 많은 이들이 타고 올라가려고 할수록 그들은 이익을 얻는다.

자본주의는 실패를 먹고 성장했다. 새로운 아이디어를 내놓지 못하고, 새로운 시장에 적응하지 못하는 기업들의 실패를 먹고 자랐다. 모든 산업주의자는 '대마불사', 즉 덩치가 크면 실패할 일이 없다는 말을 철석같이 믿었다. 하지만 그 말은 자본주의가 막다른 골목에 들어섰다는 뜻이기도 했다. 끝없이 덩치를 키워온 산업주의자들이 어떻게 무너졌는지는 우리 모두 잘 알고 있지 않은가.

인간적인 요소가 제거된 시스템

한 세기에 가까운 노력 끝에 오늘날의 산업 시스템은 근로자보호 공정을 완성시켰다. 이 시스템에서는 도미노피자나 아이폰을 만드는 과정에서 근로자가 잠깐 한눈을 팔아도 문제없다. 시스템이 품질을 관리해주기 때문이다. 생산라인은 모든 작업과 결과물을 점검하고, 모든 제품의 품질을 오차 범위 안에서 관리한다.

은행 직원들 역시 마찬가지다. 실제 업무는 ATM과 스프레드시트가 모두 처리한다. 은행들은 업무의 모든 단계를 시스템화,

기계화했다.

이처럼 생산 현장에서 '인간적인' 요소를 제거함으로써 산업 시스템은 훨씬 더 값싸고 적은 노동력으로 우수한 품질을 유지할 수 있게 되었다.

하지만 그들이 간과한 게 있다. 경제와 산업화를 완성하는 마지막 조각인 윤리학이 그 속도를 따라잡지 못했다는 것이다. 앞으로는 지금보다 더 빠르고 값싸게 생산할 수 없을 것이다. 그 대신, 인간적인 요소를 제거해왔던 모든 시도에 대해 그만큼의 대가를 치러야 한다.

전직 배우이자 코미디언인 밥캣 골드웨이트는 이렇게 썼다.

> 나는 오락 프로그램의 사회자였고, 말하는 꼭두각시이자 해피밀 장난감이었다. 내가 출연했던 프로그램들은 내가 기억하는 것보다 더 많은 언어로 더빙되어나갔다. 나는 방송국 수표를 흥청망청 뿌려대면서 전 세계를 돌아다녔다. 하지만 항상 불행했다. 정말로 그랬다. 춤추는 원숭이 신세로 살아야 한다는 건… 정말로 끔찍한 일이었다. 그러나 지금은 불행하지 않다. 정말이다. 지금 내 곁엔 사랑하는 아내가 있다. 여기로 오기까지 30년에 가까운 세월이 걸렸다.

게임에 이기고 있다고 해서, 그게 꼭 좋은 게임이라고 할 수는 없다.

산업 시대의 유물: 생산성과 표준화

우리 곁에서 힘을 잃어가고 있는 산업 시대는 생산성을 기반으로 성장했다. 농촌 인구의 대규모 이동과 대중 매체의 성장 그리고 학교 교육과 도로, 시장의 표준화 등이 이때 일어났다. 이 모든 게 가능했던 것은 대량 생산과 호환 가능한 부품들이 있었기 때문이고, 대량 시장을 기반으로 생산성이 엄청나게 높아졌기 때문이다.

예를 들어 제빵과 같이 수작업으로 이루어지던 과정들이 모조리 산업화되었다. 산업화를 통해 기업은 빵을 더 싸고 더 신속하게 생산할 수 있게 되었으며, 그만큼 더 많은 돈을 벌었다. 값싼 정제 밀가루만 사용하고, 유통 채널은 길어졌으며, 제빵사들의 개성은 완전히 사라졌다. 특히 원더 브레드(1921년에 출시된 식빵 브랜드, 최초로 조각으로 잘라서 판매했다-옮긴이)는 시대의 산물이자, 산업 시스템의 권능을 드러내는 상징이었다.

* * *

1919년 하버드 대학교와 미연방표준국에 적을 두고 있던 C.A. 애덤스는 이렇게 썼다.

사람들 대부분이 표준화에 대해 두루뭉술하게, 단편적인 차원에서만 논의하고 있다. 그 개념의 거시적인 의미, 이와 관련된 분야의 범위와 그 중요성 또는 현대 사회에서는 없어서는 안 될 협력이라는 요소가 표준화라고 하는 거대한 도구 없이는 불가능하다는 인식 없이 이야기하고 있다. 이 개념의 물질적인 차원에서 우리는 분명하게도 '어느 국가든 표준화의 수준이 곧 문명화를 평가하는 척도라고 말할 수 있다'.

* * *

1947년 가족 소유의 건축업체인 레빗앤선즈사가 교외 지역을 현대적인 형태로 개발하는 프로젝트에 착수했다. 소위 레빗타운은 대량 생산 방식으로 산업화되고 최적화된 주택 단지 프로젝트로, 효율적으로 주택을 지을 수 있는 시스템을 제공했다(이 업체는 하루에 무려 서른 채의 집을 지었다). 이미 형성된 사회적 분위기와 더불어 저렴한 대규모 주택 단지에 대한 충분한 수요 덕분에 레빗타운 프로젝트는 완벽한 성공을 거두었다.

동일성은 다양성보다 더 쉽고, 안전하고, 저렴하다.

* * *

대학들도 변했다. 하버드와 옥스퍼드 설립자가 살아난다면, 오늘날 산업화된 그들의 학교를 보고 여기가 어딘가 싶을 것이다. 하지만 표준화, 산업화 외에는 다른 선택이 없다. 대학의 역할이 최고의 지성과 학자들의 안식처에서, 높은 사회적 지위를 꿈꾸는 엘리트 양성소로 변했기 때문이다. 넘치는 수요를 감당하기 위해 대학들은 고도로 산업화된 형태로 대규모 커리큘럼을 마련해야 했다.

원래 대학은 '교수와 학생들의 공동체'로 시작됐다. 대학은 하나의 안식처였고, 이론을 모색하고, 발견하고, 탐구하는 곳이었다. 그러나 오늘날 대학은 강의를 듣고, 학위를 따고, 좋은 직장을 얻기 위해 시간을 투자하는 곳이 되었다. 그러한 목적으로 많은 이들이 대학으로 몰려들면서(몇 세대 전에 비해 대학 진학률은 열 배로 높아졌다) 대학들은 저마다 거짓 평가 순위와 풋볼팀을 통해 경쟁적으로 인지도를 높이고, 이수과목과 시험 및 평가 방식을 표준화했다.

> "모든 사람은 천재다.
> 하지만 물고기들을 나무 타기 실력으로 평가한다면,
> 물고기는 평생 자신이 형편없다고 믿으며 살아갈 것이다."
> _아인슈타인

산업 시대에 표준화는 선택이 아니었다. 표준화 없이는 산업화도 없었을 것이다.

마찬가지로 연결경제에서 독창성과 아트는 선택이 아니다. 연결 없이는 우리 앞에 놓인 과제를 해결할 도리가 없으며, 아트 없이 연결은 불가능하다.

과거의 안전지대는 사라졌다. 이제 새로운 안전지대로 들어서야 한다.

후회를 향해 달려가자

지난 100년간은 정규분포가 사람들의 삶을 지배했다. 정규분포 곡선이 대량 시장을 정의하고 마케팅과 생산의 효율성이 존재하는 지점을 보여주었다.

요즘 DVD 플레이어는 100달러도 안 된다. 소비자들 모두 똑같은 제품을 원하므로 가격이 그렇게 낮아질 수 있는 것이다. 도심에 월마트가 들어서고, 엄청나게 많은 사람들이 쇼핑을 하기 위해 몰려들면서 폭넓은 선택권과 저렴한 가격이 가능해졌다. 대량 시장은 지금까지 효율성 면에서 엄청난 우위를 보여줬다.

하지만 인터넷과 연결경제가 그러한 대량 시장의 판세를 완전히 뒤집었다. 이제는 이미 엄청난 수의 제품에 질려 있는, 정규분포 중간에 위치한 일반 소비자들에게 또 하나의 그저 그런 제품을 억지로 파는 것으로는 성공할 수 없다. 특이한 사람들, 즉 귀를 기울이고, 자기 의견을 말하고, 많은 관심을 드러내는 소비자들을 위해 획기적이고 놀라운 제품을 만들어야 한다. 이편이 훨씬 비용이 적게 들고, 효과적이다.

산업 시대, 표준화 시대, 호환 가능한 부품의 시대에서 모든 작업은 안전을 위한 것이었다. 그렇기에 무엇보다 생산성과 수익을 보장하는 안전한 시스템이 중요했다. 생산 공정을 놀랍도록 매끄럽게 정비하여 계속해서 돌아가게 하고, 효율성을 유지하고, 신뢰성을 높이는 데 집중했다.

이들은 나중에 후회하느니 미리 조심하는 게 낫다고 했다.

그 말은 산업 시대에서는 당연한 소리였다. 태풍이 몰아칠 때, 위험을 감수하고 운항하는 것보다 당분간 공항을 폐쇄하는 편이 더 낫다는 주장처럼 당연한 말이었다.

그러나 절정에 올랐던 산업 시대의 힘과 영향력이 점차 시들어가면서, 안전은 이제 우리에게 많은 도움을 주지 못한다. 안전만을 고집해서는 아무런 발전도 없고, 우리에게 주어진 수많은 연결의 기회도 제대로 활용할 수 없다. 분명한 사실은 우리 자신에게 아무런 도움이 되지 않는다는 것이다.

그래선 안 된다. 우리가 선택할 수 있는 유일한 길은 안전을 뒤로하고 후회를 향해 달려가는 것이다.

후회?

그렇다. 우리는 아마도 위태로움과 예측 불가능성 그리고 반복된 실패를 후회하게 될 것이다. 그러나 그 과정을 거쳤기에 비로소 연결과 혁신, 인간성의 발현을 만끽하게 될 것이다.

이제 지도는 존재하지 않는다

그 순간 온몸이 후끈거리고 어지러운 느낌이 들었다.
도대체 뭐라고 대답해야 할까?
두 가지 대답을 했는데도 웰즈는 그저 웃을 뿐이다.
웰즈는 3학년이니까 분명 정답을 알고 있을 것이다.

_제임스 조이스, 《젊은 예술가의 초상》

정답을 찾는 일은 아트의 적이다. 정답이라는 말은 생산성에 집착하는 산업가, 재단사, 과학적 경영을 외치는 기업주에게나 어울리는 용어다.

이카루스는 아버지에게 너무 높게도 너무 낮게도 날지 말라는 당부를 들었다. 그렇다면 적절한 고도는 어느 정도일까? 안전한 중간지대란 어디를 의미하는가? 지도는 어디에 있는가?

아트에는 정답이 없다.

우리가 원하는 것은 올바른 대답이 아니라, 흥미로운 대답이다. 혹시 당신은 그 자질을 갖추고 있는가? 가치를 만들어내고, 새로운 것을 창조하고, 현재 상황에 도전하는 능력 말이다.

널리 알려진 것처럼, 말콤 글래드웰은 《아웃라이어》라는 책에서 북미아이스하키리그NHL에 뽑힌 선수 대부분이 1~3월에 태어났다는 사실을 지적했다. 이는 무척 중요한데, 학교에 입학할 당시 다른 급우들보다 9개월을 먼저 태어났다는 뜻이기 때문이다.

그 9개월 동안 이 아이들은 더 많은 경기를 보고, 더 많은 시간을 얼음판에서 놀고, 더 많이 배웠다. 몇몇 캐나다 소년은 하키를 위해 태어났다고 일컬어지는데, 그 말은 곧 적절한 지역에서 적절한 시기에 태어났다는 의미다.

만일 당신의 꿈이 언젠가 NHL 선수가 되는 거라면, 별자리가 대단히 중요하다.

그러면, 아트는 어떨까? 다행스럽게도 아트는 우리 모두에게 열려 있다. 아트를 하기로 마음만 먹는다면 누구든 선택할 수 있다.

수많은 곳에서 연결을 원하기에 기회는 어디에나 있다. 문제는 우리가 필요한 자질을 갖추고 있는가다. 다시 말해 아트를 하기로 결심했는가 하는 것이다.

평생 받아온 교육, 평생 받아온 세뇌의 그늘에서 벗어나기란 쉽지 않다. 애를 써서 새로운 습관을 들이고 이에 걸맞은 새로운 기대치를 세워야 한다. 놀랍게도 현재는 태어난 장소, 타고난 DNA가 그다지 중요하지 않게 된 인류 역사상 초유의 시기다. 다만, 이 역사적인 이점을 누리기 위해서는 마음속의 저항과 싸워야 한다.

> "가슴속에 아직 풀리지 않은 모든 것을 그대로 간직한 채,
> 질문 그 자체를 사랑하자."
>
> 라이너 마리아 릴케

인생을 복권에 의존할 텐가

희망은 인간이라는 존재를 이루는 요소 중에서 굉장히 중요한 한 가지다. 희망이 없으면 우리는 한시도 제대로 서 있을 수 없을 것이다.

그런데 산업화된 사회 안에서, 오로지 참고 버티는 게 생산성을 높이는 최고의 방법이 되어버린 경제 안에서 어떻게 희망을 찾을 수 있겠는가? 산업경제는 하나의 거대한 복권이 되어버렸다. 길을 가다 스카우트되어 아이돌이 될 수도, 부잣집 외아들에게 청혼을 받아 신분 상승을 할 수도 있을 것이다. 아니면 열심히 일한 덕에 부사장으로 승진할 수도 있다(하지만 알다시피, 그럴 확률은 대단히 낮다).

우리는 포브스 갑부 400인을, 대학의 명사들을, 조직에서 출세한 소수의 행운아들을 찬양한다. 내심 자신도 그렇게 될 수 있다는 희망 때문일 것이다. 그러나 흔히 볼 수 있는 복권처럼 당첨 확률이 지극히 낮은 패자들의 게임일 뿐이다. 겉으로는 실력이 중요한 요소처럼 보이지만, 실제로는 거짓 게임이자 운명의 수레바퀴에 불과하다.

마케터들은 소비자들의 눈에 구매할 가치가 분명히 있는 것처럼 보이는 제품들을 끊임없이 내놓는다. 방송국은 오락과 즐거움 속에 교묘히 광고를 집어넣는다. 그러면서 시키는 대로만 하면, 언젠가는 빚더미를 청산하고 승리자가 될 수 있다는 메시지를 유포한다.

아티스트는 그 반대편에 선 독립적인 사람들이다. 아트는 하룻밤에 이루어지지 않는다. 아트에 1등 당첨이란 없다. 어느 날 갑자기 누군가의 선택을 받는 행운 같은 것도 생기지 않고, 사람들이 우연히 자신의 재능과 가치를 알아보는 일도 없다. 아트를 하기로 마음먹는다는 것은 오래전에 종적을 감춰버린 우리 본성을 되찾는 것을 말한다. 즉 질문을 던지고, 의견을 내놓고, 하고 싶은 것을 자신의 방식대로 하는 것이다.

갑자기 직장을 때려치우고 나서 대출 만기가 돌아오기 전까지 수익을 올리겠다는 방식으로 아트를 추구할 수는 없다. 아트는 하나의 습관으로 자리 잡아야 하기 때문이다. 달인의 경지에 오르기까지 매일 끊임없이 몸에 배도록 만들어야 한다.

아트는 선택을 받음으로써 느닷없이 찾아오는 성공이 아니다. 따라 하기만 해서 이루어지는 일도 아니다. 평생의 습관이자, 계속해서 더 많은 새로움을 창조하도록 스스로를 격려하는 점진적인 습관이다.

아티스트의 여섯 가지 주요 자산

일찍이 뛰어난 기업들은 슬로건을 만들고, 도발적인 광고를 내보내고, 비용 절감을 위해 공급망을 최적화하는 일에 매달려서는 승산이 없다는 사실을 깨달았다.

그리고 유능한 프리랜서들은 보수 좋은 일감이 언제까지나 보장되지는 않는다는 것을 깨달았다. 뛰어난 인재를 발굴하기가 예전보다 훨씬 쉬워졌으니까.

오늘날 귀한 것은 이런 것들이다.

- 신뢰
- 공감
- 독창성
- 리더십
- 사람들 입에 널리 오르내리는 이야기
- 인간적인 요소: 연결, 공감, 겸손

이 여섯 가지는 아티스트들이 엄청난 노력을 기울여 만들어내는 결과물이다. 비즈니스 전략이나 MBA 학위 또는 포지셔닝에 관한 조언으로는 결코 얻을 수 없는 자산인 것이다.

아티스트들은 단호히 선택하고 내적인 충격을 견디면서 인간으로서의 존엄성을 지키며 살겠다는 확고한 의지로 이런 성공적인 결과물을 탄생시킨다. 자세를 낮추는 것이 아니라 당당하게 나서고, 베끼는 것이 아니라 개척해나감으로써 그렇게 한다.

신뢰와 공감 | 모두에게 열린 시장에서 사람들은 자신이 공감하는 이들의 이야기에만 귀를 기울인다. 대중매체는 우리 주변에 널려 있지만, 사람들의 관심은 지극히 제한적이다. 소비자가 귀를 기울이기 전까지 기업은 메시지를 전달할 수 없다. 이런 까닭에 사람들의 관심은 점점 귀한 것이 되어 얻기가 더 힘들어지고 있다.

그렇다면 사람들은 누구의 말에 귀를 기울일까? 사고뭉치나 사기꾼 또는 장사꾼? 아니다. 자기가 믿는 사람들의 말만 듣는다. 자기 관심을 사로잡는 이들과 거래하고, 도움을 받고자 한다. 우리는 공감이 가는 이야기를 들려주는 사람들을 찾고 그들의 이야기에 귀를 기울인다. 우리는 긍정적인 방식으로 기쁨과 확신, 놀라움을 선사하는 개인이나 기업과 함께하려고 한다.

이는 기계가 아닌 인간의 모습이다. 특히 세상이 더 삭막하고 냉정해질수록 우리는 더욱 적극적으로 인간적인 느낌을 중시한다. 당신이 지금 누군가를 그리워하고 있는가? 그가 바로 당신이 귀를 기울이는 사람이다.

독창성 | 독창성이란 항상 새롭고, 검증되지 않고, 신선하고, 위험스러운 것이다. 예컨대 우리는 친구나 동료와 함께 나누고 싶은 이야기를 선택하는 과정에서 비슷한 취향을 발견하게 된다. 사람들은 대개 지루하고, 뻔하고, 흔해 빠진 이야기는 하지 않는다. 그런 이야기를 끝없이 늘어놓음으로써 좋은 친구를 잃고 싶어 하는

사람은 없을 것이다.

리더십 | 리더십과 반대되는 말은 관리다. 관리는 어제보다 조금 더 빨리, 조금 더 낮은 비용으로 뭔가를 만들어내는 일이다. 우리는 관리하는 방법을 잘 알고 있다. 복종의 미덕을 찬미하고, 끊임없이 비용을 낮추고, 오차를 줄이면 된다.

반면, 리더십은 차원이 다른 게임이다. 리더십에는 어떠한 지침이나 규칙도 없고, 문제가 생겼을 때 호통 치는 상사도 없다. 혹시 리더십에 관한 안내서를 찾고 있다면, 당신이 정말로 되고자 하는 것은 리더가 아니라 관리자인 셈이다. 진정한 리더는 항상 위험에 노출되어 있고, 다른 이들을 완전히 통제하려 들지 않는다. 그리고 값싸고, 빠르고, 복종적인 안전한 세상이 아니라 완전히 새로운 세상으로 사람들을 데리고 들어간다.

사람들 입에 널리 오르내리는 이야기 | 새로운 경제를 돌아가게 하는 또 하나의 자산은 사람들 입에 널리 오르내리는 이야기다. 혁명 이전, 선택권이 다분히 제한적이었던 세상에서는 무언가를 알릴 수 있는 통로가 대단히 귀했다. 사람들은 돈을 주고 매대를 차지하거나 후보자로 나서거나 인맥을 통해 이력서를 냈다.

그러나 선택지가 풍요로워진 세상에서 이런 전략들은 전혀 쓸모가 없다. 곳곳에 매대가 있고, 수많은 후보가 몰려와 자신을 선택하라고 떠들어댄다. 그래서 사람들의 관심과 신뢰가 무척 희귀한 자산이 된다. 이러한 변화는 우리를 힘들게 한다. 관심과 신뢰는 돈으로 살 수 있는 것이 아니라 저절로 얻어지는 것이기 때문이다.

더욱 어려운 일은 널리 공감을 전파하는 마법 같은 이야기를 만드는 것이다. 신뢰와 관심을 얻었다고 해도, 마법처럼 많은 이들의 입에 오르내릴 수 있는 이야기는 흔치 않다. 그리고 그러한 마법 역시 공장의 기계로는 만들어내지 못한다. 오로지 창조하는 인간만이 만들 수 있는 작품이다.

인간적인 요소 | 사람들은 이제 예전처럼 산업을 숭배하지 않는다. 그 대신 인간적인 배려를 찾는다. 모든 것에 쉽게 접근할 수 있고 가격이 더는 새로운 관심거리가 아닌 세상에서, 그래서 접근성과 가격이 더는 결정적인 경쟁력이 될 수 없는 세상에서, 우리는 서로를 연결하고 '다른 사람'을 우리 일원으로 만들어주는 순수함에 끌린다. 이것이야말로 아티스트의 특성이다.

물론 대중은 앞으로도 여전히 값싸고, 안전하고, 믿을 수 있는 물건들을 찾을 것이다. 그러나 리더십을 추구하고, 미래를 예측하고, 미지의 영역을 개척하는 사람들이 원하는 것은 따로 있다. 그것은 가격 할인이 아니라 인간적인 요소다.

지금까지 살펴본 여섯 가지 자산은 하나로 뭉쳐 미래를 이끌어가는 기반이 되어줄 것이다. 그러므로 개인이든 조직이든 새로운 방식으로, 오랜 문제에 대한 신선한 접근방식으로 그리고 인간적인 접촉을 통해 이러한 자산들을 확보해나가야만 한다.

"망설임은 도둑질과 다름없다."
_닐 영(포크록 뮤지션)

관계의 힘을 주목하라

가수 에설 머맨이 노동자의 애환을 노래했듯이, 그들은 '노동으로 돈은 벌지만, 박수갈채는 받지 못한다'.

당신이 지금 누군가의 지시에 따라 일을 하고 있다면, 그 일은 당신 자신의 것이 아니다. 아티스트와 장인은 이렇게 외친다. "이게 내 작품이다!" 그러나 근로자는 오로지 지시에 따를 뿐이다.

오늘날 세상의 변화에서 특이한 점은 대부분의 활동이 연예산업으로 넘어가고 있다는 사실이다. 교육에서 모금에 이르기까지 다양한 비영리 활동조차 연예산업을 닮아간다.

예를 들어 이제 쿠키 사업은 달콤한 과자를 팔아서 돈을 버는 단순한 거래가 아니다. 걸스카우트와 연관시킨 브랜드 에피소드, 화려한 포장지, 글루텐을 첨가하지 않는다는 동네 빵집의 환상적인 수제 쿠키 같은 것들은 단순한 쿠키 장사를 넘어선 일종의 연예산업이다.

하루 시간의 25퍼센트를 기사를 쓰고, 블로그 활동을 하고, TV에 출연하여 새로운 치료법을 소개하는 데 보내는 의사는 그의 아버지 세대가 생각하던 의사가 아니다.

점점 더 많은 호텔 경영자, 연예기획사, 자동차 수리공들이 기존 시장에서 연예산업으로 그리고 기술적인 차원에서 관계의 차원으로 넘어가고 있다. 이렇게 해야 예전에 없던 새로운 가치를 더 많이 만들어낼 수 있다는 사실을 알기 때문이다.

처음에 나는 존 셔리건이라는 사람이 그저 폐기물 처리 회사를 운영하는 기업가인 줄로만 알았다. 존의 기업은 매달 수백만 파운드에 달하는 전자 폐기물을 분쇄하고, 재활용하고, 매립하는 업무를 처리하고 있다. 아마 당신이 갖고 있는 아이패드에도 그렇게 재활용된 알루미늄이 섞여 있을지 모른다.

일반적인 산업가라면 그의 비즈니스를 생산 중심적인 공정으로 바라볼 것이다. 더욱 저렴한 비용으로 처리하고, 더 값싼 노동력을 활용하고, 시스템을 강화하고, 지속적인 반복 작업으로 구축할 방법을 찾을 것이다.

그러나 존은 자신의 비즈니스를 완전히 다른 관점으로 바라본다. 그와 그의 기업이 하는 일은 단지 공정을 거친 원자재를 판매하는 것이 아니다. 그들은 필요한 곳이라면 어디든 달려가 사람들을 만나 인간관계를 쌓고, 신뢰를 얻어나간다. 그러면서 새로운 문제를 해결하고, 핵심적인 아이디어를 공유하며, 중요한 사안들을 연구한다.

자본을 끌어들이고, 새로운 지역을 개척하고, 비즈니스 파트너를 물색하기 위해서는 재무제표만 가지고는 어렵다는 사실을 존은 잘 이해하고 있다. 그의 고객들에겐 아주 다양한 선택권이 있다는 사실을 말이다. 그래서 그가 인간적인 관계를 그토록 중시하는 것이다.

연결에는 감정노동이 필요하다

다른 사람들에게 관심과 감사하는 마음을 얻고, 그들의 영혼 깊숙이 파고들려면 감정노동을 통해 다가서야 한다. 기존의 경제는 확장 불가능한 육체노동의 성실함을 기반으로 성장했다. 여기서 '육체노동'이라는 말은 인간의 근육이나 두뇌를 써서 하는 반복적인 작업을 가리킨다. 그리고 '확장 불가능'하다는 것은 더 많은 돈을 벌기 위해 더 많이 일하려고 하지만, 현실적으로는 그럴 수 없다는 의미다.

반면 오늘날의 경제는 아트를 기반으로 한다. 아트는 감정노동을 통해, 즉 위험과 기쁨, 두려움, 사랑을 통해 이룰 수 있다. 감정노동은 '좀 더 많은 노력으로 때로는 엄청난 가치를 창출할 수 있다는 점'에서 확장 가능하다.

 사람들 사이의 관계는 육체노동이 아니라 감정노동으로 형성된다. 신뢰와 리더십 그리고 연결이라는 자산은 자신만의 아트를 만들어내는 힘든 과정을 통해서만 얻을 수 있다.

 물론 항상 말은 쉽다.

 사람들은 대부분 고개를 끄덕인다. 놀랍고 힘든 감정노동으로 연결고리를 만들어내야 한다는 말에 동의한다. 그러나 돌아서면 곧바로 육체노동의 오랜 안락지대에서 지시에 따라 일을 한다. 좀 더 안전한 느낌을 찾아 원래 자리로 되돌아가는 것이다.

 당신이 페이스북에 얼마나 많은 친구를 두고 있는지 또는 트위터(X엑스)에 얼마나 많은 팔로워가 있는지 나는 별로 관심이 없다. 그들은 당신의 참된 친구도 아닐뿐더러 진정한 추종자도 아니기 때문이다.

 내가 관심이 있는 건 내일 당신이 당신의 자리로 돌아오지 않을 때, 과연 얼마나 많은 이들이 그리워할 것인가다.

최저를 향한 경쟁에서 최고를 향한 경쟁으로

산업경제의 마지막 날들이 저무는 지금, 우리는 기존 경제의 핵심 자산들이 새로운 것들로 대체되는 장면을 목격하고 있다. 사실 그 새로운 자산들은 오래전에 모습을 드러내기 시작했으며,

이제는 본격적으로 존재를 과시하고 있다.

산업경제의 한가운데에는 결핍이 있었다. 문화를 구축하고 생산성을 높이는 등 우리 삶의 형태를 규정했던 모든 것이 결핍을 보충하기 위한 노력이었다.

반면 연결경제의 중심에는 풍요가 있다. 물론 우리가 원하고 소비하는 자원들이 무한하게 존재하는 것은 아니며, 시간 역시 마찬가지다. 그래도 지금 우리에게는 더 많은 선택권과 연결의 기회 그리고 풍부한 정보가 있다.

우리는 더 많은 이들을 알고 더 많은 자원에 접근하고, 예전보다 더 빨리 더 높은 수준의 기술을 활용할 수 있다.

이러한 풍요는 두 가지 경쟁으로 이어진다. 하나는 최저를 향한 경쟁이다. 인터넷을 통해 비용을 낮추고, 값싼 노동력을 구하고, 더 적은 투입으로 더 많은 산출물을 얻기 위해서다.

그리고 다른 하나는 최고를 향한 경쟁이다. 우리가 사라졌을 때 사람들의 그리움을 받게 될 존재, 즉 '린치핀linchpin'이 되는 기회를 잡기 위한 경쟁이다(앞서 출간한 책에서 나는 사람들이 너무나도 원하는 이들을 가리켜 린치핀이라고 불렀다. 린치핀이란 프로젝트를 이끌고 그 책임을 기꺼이 떠안는 '대체 불가능한 사람'으로, 그가 사라지는 순간 사람들은 그를 그리워하게 된다). 최고를 향한 경쟁은 '더 많은 노력으로 더 많은 것을 만들어내는 것'에 집중한다. 이 경쟁은 풍부한 선택권을 가진 이들의 특별한 열정을 환영하고, 고유함과 비범함에 보상을 준다.

　연결경제가 매력적인 것은 계속해서 확대되고, 관계가 넓어지고, 하나의 정보가 더 많은 정보로 이어지면서 풍요를 창조하는 원동력이 자체적으로 강력해지기 때문이다. 아이러니하게도 관계가 확장되면서 접근성은 더욱 높아진다. 재능과 열정만 있다면 누구라도 자신의 영향력을 높이기 위해 적극적으로 네트워크의 힘을 활용하려 들기 때문이다.

　가입자 수가 많을수록 전화망의 가치가 높아지는 것처럼(네트워크에서는 오히려 희소성이 가치를 죽인다), 연결경제의 가치는 그 범위가 확장되면서 더 높아진다.

　친구들은 더 많은 친구를 데리고 오고, 한번 인기를 모으면 갈수록 인기 있는 사람이 된다. 정보에 대한 접근은 더 많은 정보에 대한 접근을 자극한다. 살아가는 동안 관계의 가치는 계속해서 높아지는 반면, 물건의 가치는 계속 떨어질 것이다.

　연결경제는 기존의 가치를 파괴하면서, 동시에 연결을 모색하는 모든 이들에게 기회를 준다. 연결은 엄청난 비용이 들어가는 공장이나 대규모 노동력에 의해 이루어지는 게 아니므로, 이 연결들을 가로막는 장벽은 없다. 연결경제에서 중요한 것은 지금 가지고 있는 자산이 아니라 얼마나 과감해질 각오가 되어 있는가 하는 것이다.

　연결은 온라인과 오프라인 상에서 이루어지며, 이들은 저마다의 가치를 가지고 있다. 연결경제는 좋은 학벌이나 부모 또는 인맥이 없는 이들의 진입을 차단하는 문지기에 의존하지 않고 모두에게 평등한 방식으로 움직인다. 모든 이들이 자신의 목소리를 내고 제안할 수 있도록 허용하는 것이다.

물론 사람들이 내놓은 제안이나 작품들이 아무 조건 없이 모두 인정받는 것은 아니다. 연결경제는 거기에 참여한 사람들에게 풍부한 기회를 제공하기는 하지만, 그렇다고 해서 성공을 보장하지는 않는다. 성공은 그만큼 어렵기 때문에 가치가 있는 것이다. 그래도 다행스러운 점은, 어떤 연결을 만들어낼 것인지 모색하는 비용은 우리가 상상하는 것보다 훨씬 낮고, 실패했더라도 다시 시도하기가 훨씬 쉽다는 사실이다.

그러니 당장 시작하자.

> "연결은 의무적으로 해야만 하는 사람들의 것이 아니라,
> 자발적으로 하고자 하는 사람들의 것이다."

선택되기를 기다리지 마라

새끼 고양이가 위험에 빠지면 어미가 목을 물어 안전한 곳으로 옮겨준다. 반면 새끼 원숭이는 위험을 만나면 스스로 어미의 등에 필사적으로 매달린다. 고양이는 구조를 받지만, 원숭이는 스

스로를 구한다.

산업주의는 근로자들을 새끼 고양이처럼 다루고, 기존 시스템을 바꾸려고 하거나 개인적인 존재감을 드러내는 사람들을 내쫓았다. 반면 연결경제는 새끼 원숭이처럼 자신의 선택과 노력으로 살아남을 것을 요구한다.

창조하고, 주목받고, 변화를 만들어내기 위해 당신은 지금 권위를 바라보고 있는가? 자신의 존재를 드러내고, 의견을 말하고, 메시지를 전달하기 위해 승인을 기다리고 있는가?

그러나 아쉽게도 그러한 권위와 승인은 이제 존재하지 않는다. 오프라도 무대를 떠났다. 〈오프라 윈프리 쇼〉가 막을 내리면서 이제 그녀는 당신을 초대할 수 없다. 반면, 유튜브는 지금 당장 당신의 독창적인 쇼를 보여달라고 재촉한다. 물론 그렇다고 해서 당신에게 따로 전화를 걸지는 않을 것이다.

딕 클라크 역시 자리를 떠났다. 그의 간판 프로그램이던 〈아메리칸 밴드스탠드〉에 출연하여 실력을 뽐내도록 당신을 초대할 수 없게 되었다. 반면, 아이튠즈를 포함한 수많은 채널이 당신에게 노래를 들려달라고 재촉한다. 물론 그들 역시 당신에게 전화를 거는 일은 없을 것이다.

그러니 이제 마냥 기다려선 안 된다. 대표적인 예가 코미디언 마크 마론이다. 그는 〈새터데이 나이트 라이브〉의 초대를 마냥 기다리지 않았다. 스스로 팟캐스트를 개설했고, 이를 통해 100만

명에 달하는 청취자들을 끌어모았다.

우리의 문화적 본능은 선택되기를 기다리라고 말한다. 출판사나 토크쇼 사회자 또는 "내가 발탁했어"라고 으스대는 유명 블로거들의 눈에 들기 위해 노력하라고 말한다.

그러한 본능에서 한발 물러나 아무도 자신을 선택하지 않을 것이라는 진실을 깨닫게 된다면, 자신을 찾아올 백마 탄 왕자는 존재하지 않는다는 사실을 깨닫게 된다면 스스로의 힘으로 일을 시작하려 할 것이다. 어느 유명 CEO가 당신을 발견하여 갑자기 점심을 함께하자고 연락할지도 모른다는 꿈은 그저 현대판 미신에 불과하다.

아무도 우리를 선택하지 않을 것이다. 그러니 스스로 선택하자.

"얼마나 무거운 책임이라도 떠안겠다는 마음의 준비가 되었는가?"

자기 선택의 공식

우리는 음악산업이 무너지는 현장을 목격했다. 연결경제로의 혁명이 일어남에 따라 음악가들이 음반사를 외면하고 스스로를 선택하는 길로 나아가고 있다. 당신이 음악가가 아니라고 해도 이 흐름에 대해서 한 번쯤 생각해볼 필요가 있을 것이다.

미국의 디지털 음원 유통사인 튠코어의 제프 프라이스는 연결경제 이전과 이후의 음악산업에는 다음과 같은 공식이 존재했다고 설명한다.

연결경제 이전 | 음악가들 대부분이 음반회사에서 선택받지 못한 이름 없는 존재였다. 음반회사의 선택을 받았다고 해도, 그중 98퍼센트는 시장에서 실패했다. 나머지 2퍼센트라고 사정이 좋은 건 아니다. 그중 1퍼센트의 절반도 안 되는 음악가들만이 자신이 참여한 음반의 매출로 인세를 받는다. 그것도 기약 없는 미래에. 다시 말해 음반 시장에서 계약을 맺을 가능성 그리고 계약에 성공했다 하더라도 음반 매출로 인세를 받을 가능성이 거의 제로에 가까운 세상이다.

연결경제 이후 | 아이튠즈를 통해 두 곡(단 두 곡!)을 팔고 있는 음악가는 한 장에 17달러짜리 CD를 판매하는 음반회사보다 더 많은 돈을 번다. 오늘날 많은 음악가들이 예전보다 더 넓은 소비자층을 기반으로 더 많은 수익을 올리고 있다.

이제 음반 시장을 지배하는 공식에 100만을 곱해보자. 그 흐름을 컨설팅, 코칭, 디자인 시장으로도 확대해 바라보자. 제조, 강연, 비영리단체 분야로까지 넓혀보자. 또한 당신이 관심을 둔 다양한 분야로 확장해보자.

그것이 바로 연결경제에서의 세상이다.

사라의 선택, 그리고 기회

사라는 뮤지컬을 사랑한다. 무대 위의 떨림, 순간적인 몰입, 동료들과의 완벽한 호흡 속에서 느껴지는 희열을 사랑한다.

그렇지만 사라는 여전히 자기 시간의 대부분을 선택받는 데 투자하고 있다. 오디션을 보고, 사진을 보내고, 주인공들을 따라 다닌다. 그러나 매번 거부당하고, 푸대접받고, 재능을 인정받지 못하는 아픔을 겪고 있다.

그녀는 기회의 관객 앞에 서기를 학수고대하고 있다. 그녀가 생각하는 기회의 관객이란 누구일까? 바로 평론가, 뮤지컬 애호가, 권위 있는 인사들로 이루어진 관객을 말한다.

그러기 위해 그녀는 번듯한 뮤지컬 극장, 그중에서도 시티센터와 브로드웨이 무대에 오르길 원한다. 운이 좋다면, 〈타임스〉의 연극 비평가 벤 브랜틀리나 상당한 영향력이 있는 무용수 바리슈니코프가 객석에서 자신의 모습을 지켜볼 수도 있을 것이고, 그녀의 연기가 마음에 든 평론가들이 기사를 써줄지도 모른다. 그래서 사라는 오늘도 도전한다.

하지만 그것이 정말로 사라의 꿈일까? 혹시 기획사와 캐스팅 업체, 뮤지컬 감독, 극장주 그리고 제작자의 꿈은 아닐까? 뮤지컬 공연으로 돈을 버는 사람들 말이다.

잠깐, 사라가 희열을 느끼던 순간이 언제더라?

춤을 출 때다. 그녀의 기쁨은 그 순간에 있다. 그녀의 꿈은 창조의 흐름 속에 있는 것이다.

자질구레한 모든 것을 걷어낸다면, 우리는 그녀가 선택받기 위해 자존심까지 구겨가며 애쓸 필요가 없음을 알 수 있다. 만약 그녀가 '기회와 무관한' 관객들 앞에서 공연을 한다면 어떨까? 가령 거리 공연을 벌인다면? 학교나 교도소 또는 '몇 안 되는' 관객 앞에서 공연을 한다면?

이런 공연은 사라에게 의미가 없는 일일까? 지금까지 생각해본 적 없는 청중을 위해, 전혀 뜻밖의 장소에서 벌이는 공연은 사라에게 기쁨을 주지 못할까?

이런 무대가 필요한지 아닌지를 누가 판단할 수 있을까? 아마도 사라 자신이 아니고서는 누구도 할 수 없는 일일 것이다. 최종적으로 결정하는 사람은 바로 그녀 자신이니까.

사라는 해보기로 마음먹었다.

그렇게 스스로 선택한 환경에서 아트를 시작했을 때, 두 가지 일이 벌어졌다. 첫 번째는 놀랍게도 자신의 재능으로 사람들에게 진정한 감동을 준다는 사실을 알게 됐다는 것이다. 이로써 사라에게는 현재의 자신과 이상적인 아트 사이에 놓여 있던 모든 핑곗거리가 사라졌다. 두 번째는 캐스팅 감독에게 선택된 것이 아니라 스스로 선택하여 무대에 올랐다는 것이다. 그리고 관객 역시 정장을 빼입은 권위자들이 아니라 사라 자신이 선택한 사람들이라는 사실이다. 이제 평가를 받는 것은 감독이 아니라 스스로를 드러낸 그녀 자신이다.

연결경제로 진입하면서 우리에게는 이러한 가능성의 문이 활짝 열렸다. 우리는 다만 선택을 하면 된다.

실패할 수 있는 자유

게임 개발업체 밸브사는 시장에 스팀 플랫폼을 제공하고 있다. 이 회사는 창조적이고 용감한 그리고 최첨단 기술에 적극적으로 도전하고 진화를 추구함으로써 변화를 꾀하는 인재들에게 기업의 사활을 건다.

이 회사가 유명세를 탄 또 한 가지 이유가 있는데 바로 직원 지침으로, 조직의 관행을 뒤엎어 완전히 새로운 기업 문화를 세우고자 하는 내용이다. 그 일부를 살펴보자.

바보 같은 실수를 저질렀다면?

밸브에서는 실수를 했다고 해고당하는 일은 없습니다. 그런 방식의 조직 관리는 우리 회사에 어울리지 않아요. 실패할 수 있는 자유를 주는 것이 바로 우리 회사의 중요한 특성입니다. 실수했다고 처벌한다면, 직원들에게 많은 것을 기대할 수 없을 겁니다. 손실이 막대하다 해도, 명백하게 드러난 잘못이라 해도 우리는 그러한 모든 실패를 배움의 기회로 여깁니다. 우린 언제든 실수를 바로잡고 만회할 수 있으니까요.

그래도 아직은 부족하다. 밸브는 여전히 직원들이 한 단계 도약하고 실질적인 성과를 올릴 수 있다는 믿음을 갖고 동기를 부여하기 위해 노력하고 있다. 직원을 새로 채용할 때마다 특히 중점을 두는 일이 그것이다. 새로 들어온 직원들은 지난 1세기 동안 이어진 산업사회의 세뇌와 문화적 압력의 영향을 고스란히 받아왔다. 이들은 처음에는 회사의 비전을 그대로 받아들이지 못하고, 장기적인 차원에서 직원 모두가 과감하게 행동하길 바란다는 사실을 이해하지 못한다.

우리는 이러한 문제를 비영리단체나 선거 캠프, 첨단 기업들에서도 쉽게 발견할 수 있다. 일부는 위험을 감수하고 새로움에 도전하는 일이 얼마나 중요한지 잘 이해하고 있지만, 이카루스 속임수에서 벗어나지 못한 나머지 사람들은 자꾸만 예전의 방식으로 돌아가려 한다.

문 너머의 삶

런던 카스비즈니스스쿨의 줄리 로건은 난독증으로 고통을 겪는 기업가들이 일반인보다 세 배나 많다는 사실을 발견했다. 그리고 상당수의 기업가가, 주의력결핍 과잉행동장애ADHD가 비즈니스를 성공시킨 비결이었다고 믿는다고 했다.

정신적인 문제가 어떻게 성공을 위한 경쟁력이 될 수 있는지 사실 나도 정확히는 모르겠다. 난독증 환자들만이 발견해낼 수 있는 은밀한 암호가 있는 것 같지는 않다. 내가 생각하기에, 아웃라이어로서 그들의 성향은 자신이 남들에게 선택받을 가능성이 대단히 낮다는 사실을 어릴 적에 일찌감치 깨달았기 때문인 듯하다. 아마도 학교에서 우등생이 될 가능성, 유명 대학에 입학하거나 굴지의 기업에 입사할 가능성이 지극히 낮아 보였을 것이다. 다른 사람들처럼 자신들이 사회에 쉽게 적응할 수 있다고 기대하지 않았기에, 스스로 선택할 수밖에 없었으리라. 그리고 그런 선택이 습관으로 자리 잡았으리라고 본다.

지금 우리 앞에는 기회의 문이 활짝 열려 있다. 하지만 그 문이 얼마나 오랫동안 열려 있을지는 아무도 모른다. 그 문 너머의 삶은 이곳보다 좋다. 그러므로 끊임없이 기다리면서 완벽한 기회가 올 때까지 바라보기만 하는 것은 시간 낭비에 불과하다. 게다가 더 안 좋은 소식은, 문이 닫히고 나면 언제 다시 열릴지 아는 사람도 없다는 사실이다.

에이드리언 리치의 시에는 이런 구절이 있다.

"문 자체로는 아무것도 약속된 바가 없다. 그저 문일 따름이다."

그 문 너머에는 당신이 자신의 이야기를 하고, 스스로의 선택에 따라 아트를 하고자 하는 사람들과 연결될 기회가 있다.

"연결은 인간의 존엄성에서 시작된다."

우리가 너무 쉽게 화를 내는 이유

오늘날 우리는 시중을 드는 수많은 이들에 둘러싸여 있다. 항공기 승무원, 웨이터, 주차요원, 길거리 청소부, 우체국 창구 직원 등등. 이들은 소비자에게 서비스를 제공하고 돈을 받는다.

하지만 세상은 너무 빨리 움직이고, 사람들은 너무 버릇없고, 항공권은 지나치게 비싸고, 모두 정신없이 바쁘고, 문제는 항상 벌어진다. 그러한 가운데 우리는 사람들을 쉽사리 무시해버린다. 자신이 원하는 것을 얻기 위해 다른 사람들을 종종 보잘것없는 존재로 대하는 것이다.

대기 시간이 길거나 가격이 생각보다 높거나 호텔 예약이 이미 끝났을 때 우리는 너무 쉽게 화를 내고, 사람들을 함부로 대한다.

이러한 문제를 해결하기 위해서는 인간적인 관계의 가치를 회복해야 한다. 상대방의 눈을 바라보고 있는가? 예의 있는 태도로 상대방의 존재를 인정하고 있는가?

카운터에서 손님을 맞이하거나 전화 또는 인터넷상으로 대화할 때 상대방을 한 명의 개인으로 대한다면, 우리는 그들에게 개성이라는 중요한 가치를 부여한 것이다. 주변 사람들을 존엄성을 지닌 인간으로 대할 때, 이야기를 나누고 관계를 형성할 수 있는 기반이 마련된다.

장비나 자동화된 기계와는 관계를 형성할 수 없다. 상대방의 마땅한 존엄성을 인정하면서 서로 연결되려는 노력은 무엇보다 가치 있는 일이다.

아인랜드는 자신의 소설에서 주인공인 아틀라스에게 지구를 떠받치는 고역을 그만두라고 부추겼다. 그리고 많은 이들이 자기 분야에서 착취에 저항하는 장면을 그렸다. 소설 속이 아니라 현실에서 그런 일이 일어날 수는 없을까? 즐겁지도 않고 아름답지도 않으며 권위에 눌려 계속해왔던 일을 그만두는 것 말이다. 그것은 더 많은 물건을 사들이고 더 큰 집으로 이사하고자 하는 갇힌 꿈에서 벗어나 뭔가 다른 것을 갈망하도록 우리 인간성을 훈련하는 일이다.

우리가 참여하는 게임의 목표가 최저 비용으로 최고의 물건을 만들어내는 것이라면, 아무런 문제가 없다. 물론 이전에는 그랬다. 하지만 지금은 그것과는 완전히 다른 게임, 즉 사람과 사람의 진정한 연결이 중요시되는 게임이 진행 중이다. 기존의 안전지대들은 급속히 사라지고 있다. 산업가들에게 좋은 대우를 받는 여유로운 직장도 더는 안전한 장소가 아니다.

새로운 안전지대를 발견하기 위해서는 다른 사람들의 눈을 들여다보아야 한다. 진실한 마음으로.

도마뱀의 뇌를 흔들어라

사람들은 좋은 성적과 좋은 직장, 좋은 경력을 위해 열심히 노력한다. 항상 정답이 존재하며, 우리는 성공을 위해 정답을 찾는다. 완벽하게 외우고 철저하게 준비한다. 지금 이 책도 그러하겠지만, 사람들은 지도를 발견하길 기대하면서 비즈니스 책들을 집어 든다.

반면 연결경제는 모든 것을 뒤집으라고 말한다. 지도를 찾으려 하거나 거기에 의존하지 말라고 말한다. 그럼에도 우리의 도마뱀 뇌는 여유로운 직장에 집착한다. 도마뱀 뇌는 두려움과 반사작용, 분노, 성욕을 담당하는 부위다. 원시 때부터 우리 뇌의 일부였으며 생존을 위해 반드시 필요했다. 하지만 그 뇌는 무척 어리석고 겁이 많아서 걸핏하면 경고등을 켠다. 여유로운 직장 같은 것은 예전엔 안전지대였지만 이제는 개인의 안락지대에 불과한데도 한때 오래도록 그 안에서 안전했기에 도마뱀 뇌가 미련을 버리지 못하는 것이다. 이는 바로 우리가 철저하게 세뇌되었다는 증거다.

세뇌는 미묘하게 작동한다. 세뇌는 안전을 지향하는 인간의 기본적인 욕구를 미끼로 삼는다. 이를 기반으로 하여 이제 더는 안전지대가 아님에도 그곳을 떠나지 못하게 한다. 배운 대로, 들은 대로 따라 하면 된다고 끊임없이 속삭이는 것이다.

복종의 유혹을 느낄 때마다 그 실체가 무엇인지 한번 생각해보자. 그러노라면 자신이 어떻게 훈련되어 있는지 이해할 수 있으며, 다가오는 기회에 합리적이고 이성적으로 대응하지 못하고 있다는 사실을 깨달을 수 있다.

지금 가장 합리적인 행동은 아트라고 하는 비합리적인 행동을 실천하는 것이다.

대답이 아니라 질문을 찾자.

아트는 기술이 아니라 개념이 본질이다

개념아트 conceptual art 는 약 50년 전에 처음 등장한 아이디어다. 개념아트에서는 기술이 아니라 개념이 그 핵심을 차지하므로 모든 연극과 시, 구성은 궁극적으로 개념아트다.

개념아트는 그리거나 조각하거나 등의 우리가 재능이라고 말하는 것들을 초월한다. 우리 사회의 미래가 하나의 아트 프로젝트인 이 시대에 기존의 회화는 단지 부차적인 장르가 되어버렸다. 아트에서 기술을 분리함으로써 우리는 이제 아트의 본질에 더 깊이 도달할 수 있게 되었다. 이러한 움직임은 동시에

섬세한 기술 없이도 얼마든지 아티스트가 될 수 있음을 말해준다.

사무엘 베케트가 처음으로 개념연극이라고 할 수 있는 〈고도를 기다리며〉를 발표했을 때, 사람들은 당황했다. 이 연극은 마치 반나절 만에 급히 만든 듯한 무대에서 이렇다 할 사건도 일어나지 않은 채 흘러간다. 과연 이걸 연극이라 부를 수 있을까?

개념미술가 솔 르윗의 작품도 마찬가지다. 그의 작품들은 세계적으로 많은 미술관에 전시되어 있지만 그것들 대부분 그가 직접 그리거나 만든 게 아니다. 대신 르윗은 누구라도 자신의 작품을 만들어낼 수 있도록 법칙과 알고리즘, 매뉴얼을 개발했다. 이러한 점에서 르윗의 작품을 감상하는 행위는 그의 회화적인 기술에 감탄하는 것이 아니라, 작품의 아트적 본질을 이해하는 것이라 하겠다.

작곡가인 존 케이지 역시 침묵으로 일관한 작품 〈4분 33초〉를 통해 사회적 논란을 불러일으켰다. 이 작품으로 많은 혼란과 비판이 일어났지만 그렇다고 해도 그가 아티스트가 아니라고 말하는 사람은 없다.

아티스트란 인간적인 그리고 사람들의 감성을 건드리는 가치를 최초로 창조한 사람이다. 루이스 하이드가 《선물The Gift》에서 설명했던 것처럼, 어떤 행위가 아트가 될 수 있는 것은 사람들을 영혼과 꿈의 세계로 이어주기 때문이다. 우리는 피카소의 작품을 볼 때마다 선물을 받는다. 그의 작품과 만나는 순간, 피카소의 생각과 느낌은 우리 자신의 것이 된다. 우리는 그가 주는 선물을 그냥 받으면 된다.

적어도 아주 작은 부분이나마 어떤 식으로든 세상을 바꾸지 못한다면, 그것은 아트가 아니다. 사람들에게 아무것도 나누어 주지 못한다면, 아트가 아니다. 그리고 무엇보다 위험이 없다면, 아트가 아니다. 여기서 말하는 위험은 단지 경제적인 실패만이 아니다(물론 그것도 일부이긴 하지만). 진정한 위험은 거부당할 위험이다. 난처한 상황에 처하거나 아무런 반응도 얻지 못할 위험 말이다.

아티스트는 자신의 노력이 아무런 반응도 얻지 못할 수도 있다는 위험성을 잘 알면서도 과감하게 뛰어들 정도로 열정적인 사람이다.

가장 거대한 혁명을 맞이하고 있는 오늘날, 우리는 모두 아티스트다. 적어도 아티스트로 거듭날 기회를 부여받았다. 그 기회를 가로막는 것은 오직 우리 자신뿐이다.

"아무것도 이룰 수 없는 척하며 살아가는 인생이

이제 지겹지 않은가?"

인간 존재의 본질을 건드리는 사람들

아트는 개인적이다.

아트는 검증할 수 없다.

아트는 연결을 추구한다.

아티스트의 개성이 그대로 드러난다는 점에서 아트는 '개인적인' 활동이다. 아트란 아티스트가 말하고, 행동하고, 바꾸어야 한다고 믿고 원하는 것이다.

그리고 고유하다는 점에서 아트는 '검증할 수 없다'. 두 번째는 기껏해야 모방에 불과하다.

남들과 공유하지 않고 오로지 자신만의 것으로 간직하는 것은 궁극적으로 아무런 가치가 없다는 점에서 아트는 '연결을 추구하는 것'이다. 실패할 수 없다는 말은 연결을 시도하지 않았다는 의미이고, 그렇다면 아름다운 작품을 만들어내는 과정에서 희열을 느꼈다고 하더라도 그걸 아트라고 부를 수는 없다. 동전의 앞면만 가질 수는 없는 것처럼, 아트에서도 실패의 고통 없이 성공의 영광만을 누릴 순 없다.

지금까지 우리 사회는 사치품을 만들거나 생산성 또는 편의성과는 상관없이 유희를 위한 물건을 만드는 세상을 아티스트들을 위한 공간으로 따로 남겨두었다. 그러나 그것은 그럴듯하기는 하지만, 올바른 생각은 아니다. 적어도 50년 전부터는 그랬다.

토머스 에디슨은 독점 기업가이자 아티스트였다. 그리고 호환 가능한 제품과 대량 생산에 대한 헨리 포드의 집요한 노력 역시 비즈니스 기회인 동시에 하나의 아트 프로젝트였다. 또, 마틴 루서 킹의 연설에서 우리는 그가 전파하고자 했던 진정한 아트와 열정을 분명히 느낄 수 있다.

 모험을 두려워하지 않는 벤처 자본가들은 단지 돈을 위해 일하는 기업주를 선택하지 않는다. 그들이 찾는 CEO는 이런 사람이다. 인간적인 측면에 주목하고, 스스로의 존재를 드러내고, 사람들을 연결하기 위한 최고의, 그리고 유일한 길이 사업을 하는 것이어서 비즈니스를 선택한 CEO들. 그렇다. 그런 사람들에게 비즈니스는 하나의 아트 프로젝트이며 그런 기업가들은 분명한 아티스트다. 반면, 먹고살기 위해 시작한 샌드위치 가게는 지루한 사업에 불과하다.

 아티스트는 감정노동을 하고, 지도 없이 뛰어들고, 어둠 속에서도 용감하게 항해하며, 위험과 더불어 살아가는 사람이다. 인간 존재의 본질적인 부분을 건드리고, 끊임없이 그러한 시도를 하는 사람이다. 그들은 불편한 감정을 그대로 받아들이면서, 오히려 그러한 감정과 함께 춤을 춘다.

"아트의 세계로 초대받는 것은 소중한 기회다.
그 기회를 무시하는 것은 절망을 초대하는 것이다."

오타 찾기보다 중요한 것

산업적인 사고방식이 얼마나 위력적인지 생각해보자.

 정치 홍보물이나 시사 블로그 또는 획기적인 신제품 상자를 볼 때 당신은 어떤 면에 중점을 두는가? 혹시 "두 번째 문장에서 r이 빠졌군"이라고 지적하는 사람은 아닌가?

 만약 이런 부류라면 당신은 철자 감독관을 자처한 것이다. 더 정확히 말하자면, 영감이 아니라 복종을 따른 것이다. 당신의 눈이 보고 있는 그것이 외치는 바가 무엇인지를 가슴으로 이해하고자 하는 것이 아니라 정해진 규칙에서 벗어난 것은 없는가, '틀린 것'은 없는가를 우선하기 때문이다.

 이런 당신이라면 일정한 양식에 정해진 크기와 서체, 색깔을 사용하는 보고서를 접할 때는 안심하는 기분이 들 것이다. 이것이 바로 그간 우리가 배워온 산업적인 사고방식이다.

 물론 오타는 없는 게 좋다. 하지만 그보다 중요한 것은 거기에 어떤 개념이 담겨 있는가 하는 것이다.

> "정확함은 좋다.
> 하지만 그보다 더 중요한 건 개념이다."

마음속 갈등

우리는 마음속에 선 하나씩을 그어놓고 있다.

그 선의 한쪽에서 우리는 이렇게 말한다. "나는 아티스트로서 고통에 지지 않고 열정적으로 살아갈 것이며, 거대한 소용돌이를 만들어낼 것이다."

하지만 동시에 다른 쪽에서는 이렇게 말한다. "숨을 곳을 찾아야만 해."

나는 이 선이 대단히 중요한 의미를 담고 있다고 생각한다. 그 선은 근본적인 차원에서 우리가 어디로 가야 할지를 보여주고, 또 거기로 갈 수 있도록 도와준다. 끊임없이 몸을 낮춘 채 살아가고자 한다면, 아트는 손에 잡히지 않는 뜬구름이자 일시적인 방황쯤으로 보일 것이다. 하지만 과감하게 선을 넘어서서 살아가기로 했다면, 아트를 향한 유일한 길은 더 많은 아트를 만들어내는 것이다.

이러한 선의 존재에 대해 생각하면 혹시 마음이 불편한가? 나는 당신이 그러길 바란다. 그러한 불편함이야말로 선을 넘어서기 위한 첫 번째 단계이기 때문이다.

내 친구 조스는 굉장히 화려한 이력을 갖고 있다. 그녀는 몇몇 유명 기업을 거치며 고위급 마케터로서 경력을 쌓았으며, 지금은 새로운 일자리를 찾고 있다. 지금까지의 경력을 높이 사주는, 자신의 능력으로 다시 한 번 놀라운 성과를 올릴 수 있는 직장 말이다. 하지만 알다시피 그런 직장은 흔치 않다.

우리는 함께 앉아 좋은 일자리를 검색하면서 이야기를 나눴다. 그녀가 가고 싶어 하는 기업 몇 곳을 뽑아놓고 어떻게 공략할 것인지를 의논했다. 내가 지금보다 수준을 높이는 것이 어떻겠느냐고 말하자 그녀가 정색을 하고 답했다. "그건 위험해. 나는 안전한 길을 택하고 싶어."

그 말에 나는 깜짝 놀랐다. 그녀의 마음속에 보이지 않는 선이 있었던 것이다. 나는 그녀가 이미 안전지대 '안'에 있는 모든 기회를 경험했으며, 지금의 경쟁 환경에서는 새로운 방식을 시도해야만 한다고 설명했다.

내 말을 듣고 이번에는 그녀가 깜짝 놀란 얼굴을 했다. 그러면서 말하길, 시장이 그렇게 빨리 변했을 리가 없으며 자신은 이전처럼 해도 문제가 없으리라고 본다는 것이다.

하지만 그건 그녀의 바람일 뿐이다. 이제 우리는 매일 싸워나가야 한다. 안전과 위험이 교차하는 곳에서, 위태로움과 비난 사이에서 살아가야 한다. 바뀐 환경보다 빠르게 변화하고 자기 견해를 드러내기 위해 기꺼이 책임을 지면서 살아야 한다.

안전지대가 이동할 때, 그에 따라 자신의 안락지대를 옮기는 일은 쉽지 않다. 그래도 가만히 있다가 해일에 휩쓸리는 것보다는 해볼 만한 일이다.

그들이 어떻게 변하길 바라는가?

연결은 변화를 불러온다. 상호작용의 과정에서 우리는 사람들을 영원히 변화시킨다.

그렇다면 이제 이런 질문을 던질 때다. "그들은 어떻게 변할 것인가?", "얼마나 많이 변할 것인가?"

작가 마이클 슈레이즈는 이렇게 물어야 한다고 말한다. "당신의 소비자가 어떤 사람이 되기를 원하는가?"

어쩌면 농담처럼 들릴지 모른다. 동료가 그저 동료이듯 소비자는 소비자일 뿐이니까.

그러나 사실은 그렇지 않다. 연결은 변화를 일으킨다. 완전히 똑같은 제품을 만들어 팔지 않는 한, 기업은 각각의 상호작용을 통해 시장을 변화시킨다.

신발 전문 온라인 쇼핑몰 자포스를 예로 들어보자. 이 쇼핑몰은 소비자들을 더 높은 수준의 서비스를 요구하는 사람들로 바꾸어놓았다. 아마존도 마찬가지다. 이용자들을, 배송이 느려터진 온라인 사이트에 분통을 터뜨리는 사람들로 바꾸어놓았다. 오래 전 헨리 포드가 사람들을 뚜벅이에서 운전자로 바꾸어놓았듯이 말이다.

사람들을 실망시키거나 기대를 넘어설 때 우리가 하는 상호작용은 모든 다른 상호작용에, 그리고 사람들이 내일이나 내년에 경험하게 될 상호작용에 큰 영향을 미친다.

애플은 단 한 가지 이유로 다른 기업에 비해 사람들의 입에 더 자주 오르내린다. 그들이 이상적인 소비자라는 거대한 꿈을 품고 있으며 그 꿈을 실현해나가고 있다는 사실 때문이다.

당신과의 상호작용을 통해 소비자들은 어떤 사람으로 거듭날 것인가?

그리고 그 결과 당신은 어떻게 변할 것인가?

산업가들은 상호작용이나 변화에 대해 고민하지 않는다. 그저 지금의 수요를 가장 완벽하게 충족할 방법에만 집중한다. 그러나 아티스트는 연결과 그에 따른 변화에 집중한다. 당신은 1년 전의 당신이 아니다. 그때에 비해 어떻게 달라졌는가? 더 비판적이 되었는가? 또는 더 유능해졌는가?

우리 모두에겐 저마다 무수한 가능성이 있다. 마찬가지로 우리가 서비스를 제공하고자 하는 사람들에게도 많은 길이 열려 있다. 슈레이즈의 질문에 대해 고민하다 보면 우리는 세상이 어떻게 변하기를 바라고 있는지 이해하게 된다. 물론 그 변화는 헨리 포드처럼 거대한 규모로 일어나지 않을지도 모른다. 그러나 단지 몇 명의 사람과 연결되어 있다고 해도, 당신은 그들의 삶을 바꾸고 있는 것이다.

그들을 어떻게 바꿀 것인가? 그들이 어떤 사람이 되었으면 하는가?

내 얘기를 해보자면, 나는 당신이 아티스트가 되었으면 한다.

의미 있는 연결을 이루는 사람이 되었으면 한다.

"인간은 모두 외롭다. 연결하라."

자, 이제 선택하자

인류는 안전을 지향하도록 진화했다. 우린 모두 안전을 바란다. 숨을 만한 은신처와 의지할 만한 미래 그리고 신뢰할 수 있는 존재를 갈망한다.

하지만….

그 결과 권태가 밀려온다. 그러면 도발하고, 위험을 무릅쓰고, 자신의 존재를 드러내고 싶다는 가려움증에 시달리게 된다.

어떤 이들에게 그러한 가려움증은 가벼운 욕망이자 지루한 일상생활에 대한 막연한 불편함에 불과하다. 그러나 어떤 이들에게는 삶을 지배당할 정도로 압도적인 것이어서 떨쳐 일어나지 않고는 배기지 못한다.

가려움증은 어느 시대에나 존재했다. 늘 인류와 함께하면서 코페르니쿠스나 잠바티스타 비코(1668~1744, 이탈리아 철학자로 문화인류학의 선구자로 일컬어진다-옮긴이), 마틴 루서 킹, 간디와 같은 인물들을 배출해냈다.

가려움증은 사람들에게 무언가를 성취하게 하고, 발견하게 하고, 실패하게 한다. 그래서 전쟁이 일어나고, 전기가 발명되었으며, 수많은 위인이 탄생한 것이다.

대부분의 시간 동안 가려움의 증세는 일상적인 소음처럼 존재한다. 우리는 그러한 가려움을 무시하거나 그냥 내버려두는 데 익숙하다. 합리적으로 생각하고, 집중하고, 불확실한 미래를 위해 계획을 세우라고 배웠기 때문이다. 그래서 주어진 일을 받아들이고, 주의사항을 지키고, 항상 조심하며 살아간다.

하지만 우리는 인간이기에 지금 어떤 일이 벌어지고 있는지를 확인하고 싶어 하는 본능이 있다. 그리고 오늘날의 경제는 우리의 그 본능과 걸음을 같이한다.

사람들이 주목하고, 더 많은 돈을 내려 하고, 성과를 올리도록 후원하고자 하는 주인공들을 한번 떠올려보자. 그들은 지금 어떤 일이 벌어지고 있는지 이해하고 싶다는 가려움증에 자극받은 사람들이다. 지시를 어기고 주의사항을 따르지 않는 위험을 무릅쓰고자 벌떡 일어선 사람들이다. 원한다면 우리는 얼마든지 과거로 돌아갈 수 있다. 무너져가는 산업을 지키고자 노력하고, 하루 벌어 하루 먹는 라이프스타일을 계속 이어갈 수 있다.

하지만 다른 길도 있다. 스스로를 위태로운 상황에 노출하고, 감정노동의 위험을 받아들이고, 지루한 노동에서 벗어나 세상을 새롭게 바꾸는 길을 선택할 수 있다.

당신은 어느 쪽이 더 마음에 드는가?

"끊임없이 다른 존재가 되기 위해 애쓰는 세상에서
가장 놀라운 성취는 자기 자신으로 남는 것이다."

_랄프 왈도 에머슨(철학자이자 시인)

PART 3

이카루스에 속지 마라

신화와 꿈은 한곳에서 태어났다.

신화는 사회가 꾸는 꿈이다.

_조지프 캠벨

신화는 인간의 이야기다

신화는 어디서 오는가? 그 의미는 무엇인가?

왜 사람들은 아직도 헤라클레스나 토르, 레이건 대통령 이야기를 할까? 또 제우스와 모세, 마틴 루서 킹의 이야기가 널리 공감을 받는 이유는 무엇일까?

간디나 잡스 이야기를 할 때, 우리는 그 인물 자체에 대해 말하는 걸까, 아니면 그들의 생각에 대해 말하는 걸까?

그 자신이 하나의 신화적 존재인 조지프 캠벨은 이렇게 못을 박았다. 신화는 신(실제의 신이건 상상 속의 신이건 간에)에 관한 이야기가 아니라 '우리'에 관한 이야기라고. 신화는 우리 인간이 신 또는 전설적인 존재의 옷을 걸치고 인간적인 행동을 하는 이야기다. 신화는 인간의 최고, 때로는 최악의 모습을 집중적으로 그려

냈다. 신화가 널리 퍼진 이유는 왕이나 군주가 그런 이야기들을 듣고 외우라고 강요해서가 아니다. 우리는 자발적으로 신화를 접하고, 공감하고, 기억한다. 우리가 좋아하는 인물 또는 우리가 도달할 수 있는 최고의 자아에 대한 이야기를 들려주기 때문이다.

실제로 신화는 신들의 이야기가 아니다. 신화는 하나의 거울이자 우리가 걸어가는 길이며, 넘어야 할 산이다. 이카루스 신화에서 의도적으로 빠뜨렸던 부분 역시 우리가 살아가는 데 꼭 필요한 강력한 주문이었다. 그것은 자신의 존재를 가벼이 여기지 말고, 자기 앞에 놓인 기회를 소중하게 생각하라는 격려의 메시지였다.

퇴색된 신화라면

캠벨은 고대 신화나 민간 설화들이 세 곳에서 유래했다고 설명했다. 가장 먼저 오두막집에서 아이들이 좋아하는 민간 설화들이 나왔다. 이 이야기들에서는 나쁜 사람은 벌을 받고 착한 사람은 상을 받는다. 그리고 정부나 귀족, 군대의 성곽과 종교 조직의 대성당에서 시대를 초월한 신화들이 나왔다. 이 신화들의 목적은 애국심과 충성심, 영웅주의를 고무하고 찬양하는 것이다.

고대 신화들은 당대 권력의 원천을 중심으로 펼쳐진다. 그래서 모두 왕이나 장군, 성직자, 지도자 들을 경배한다.

그런데 전혀 다른 곳에서 온 신화도 있다. 우리의 부모 세대 때 생겨난 신화다. 크렘린의 붉은 군대가 세상을 전멸시킬 것이라는 위협적인 것들도 있고, 장밋빛 미래를 보장한다는 대학들의 현란한 신화도 있으며, 영웅적인 인물로 묘사된 기업주의 전설 같은 것도 있다. 이것들은 다양한 현대적 신화를 낳았다. 요점을 말하자면, 새로운 위험이 사람들을 에워싸고 있으므로 큰 탈 없이 안전하게 살아가려면 권력의 그늘로 들어가야 한다는 것이다. 그 신화들은 우리 세대로 이어지면서 적응과 복종, 겸손을 미화하는 데 쓰였다.

이러한 신화들은 우리 앞에 많은 가능성이 있음을 이야기함으로써 부모 세대는 물론 우리 세대에게도 공감을 얻었다. 기업가나 대학생, 스포츠 선수, 주부 등 여러 계층을 주인공으로 하여 행복을 이뤘다는 다양한 신화가 만들어져 사람들 속으로 파고들어 갔다. 그러한 신화들을 접하면서 사람들은 사회가 자신들 마음속에 심어 놓은 꿈에 익숙해지고, 그것을 점차 자신의 꿈으로 여긴다.

사실 신화는 우리의 믿음이기도 하다. 우리는 신화의 약속을 믿고, '이걸 하면 저걸 주겠다'는 산업가들의 제안을 그대로 받아들였다. 그래서 베티 프리단과 조지 칼린이 사회적인 위험인물로 지목을 받았던 것이다. 베티 프리단은 여성운동의 불길을 일으켰다는 죄목으로, 조지 칼린은 사회 곳곳을 풍자해 사람들을 깨어나도록 자극했다는 죄목으로 말이다. 두 사람 모두 산업 제국의 현대적 이념에 맞설 만큼 배짱이 두둑한 인물이었다.

한 세대가 지나기도 전에 용기와 배짱을 다룬 영웅 신화들은 영화 〈비버는 해결사〉 같은 일상적이고 하나도 용감할 것 없는 이야기들로 대체되었다. 어느 집에 가든 한두 권은 있게 마련인 만화책 속에는 여전히 슈퍼히어로가 등장한다. 그렇지만 사실 그 영웅들은 현실에선 존재가 불가능하다. 이러한 영웅 이야기들은, 캡틴 아메리카를 받아줄 군대는 없으며 스파이더맨을 고용할 회사는 없다는 사실을 깨닫지 못한 어린 소년들의 한가한 유희에 불과하다. 엄마와 아빠는 아이들에게 배트맨 바지나 슈퍼맨 티셔츠를 사다주지만, 거기에는 이런 뜻이 담겨 있다. "영웅놀이는 할 수 있지만, 절대 영웅이 될 수는 없단다. 그러니 말 잘 듣는 착한 아이로 자라렴."

신화는 우리 눈에 잘 드러나지 않는 모호한 형태로 존재한다. 우리 사회는 그 신화들을 하나로 합치고, 문화로 만든다. 그런 다음 진실처럼 보일 때까지가 아니라, 하나의 진실로 자리 잡을 때까지 반복해서 이야기한다. 이러한 현대적 신화들은 산업경제의 발전과 함께 성장하고, 우리 경제와 시스템을 지배하는 권력자들의 이익에 봉사한다.

반대로 자만은 지배계급의 적이다. 여기서 말하는 자만이란 권위에 맞서고, 스스로 존재를 드러내고, 자신의 주장을 외치는 용기를 뜻한다. 이러한 점에서 이카루스 신화를 통해 여전히 강조하는 교훈이 자만에 대한 경고라는 점은 그리 놀라운 사실이 아니다.

그러나 지금 우리 사회에 필요한 것은 바로 그 자만이다.

현대판 미신, 선전

선전propaganda과 신화는 구별해야 한다. 선전은 기껏해야 미신에 가까운 이야기다. 소련 시절의 포스터들은 힘든 노동을 독려하고, 나치 영화들은 민족의 단결을 찬양한다.

이보다 좀 부드럽기는 하지만, 기업들의 교육 영상물은 겉으로는 다양성을 내세우면서 속으로는 획일화와 복종을 강요한다. 오늘날 기업에 관한 이야기들은 점점 더 우리 삶의 일부로 자리 잡고 있다. 이러한 이야기들을 지어낸 이들은 대중이 그것을 신화처럼 받아들이기를, 즉 자신들의 자아와 진정한 공감을 나누는 이야기로 인정해주기를 바란다.

그러나 선전은 절대 신화가 아니다. 여기서 말하는 '선전'이란 권력층이 바라는, 대중의 이상향을 담은 일련의 이야기들이다. 즉, 사람들은 이러저러해야 한다는 주장을 담은 이야기인 것이다. 산업 시대는 선전을 통해 권력에 무조건 복종하는 것이 인간의 본성이라고 믿는 세대를 만들어냈다.

선전은 사람들에게 자신이 아닌 다른 사람이 되라고 말한다.

대중이 이를 받아들일 때, 선전은 그 기능을 발휘한다. 무엇이 선전인가를 판단할 때 한 가지 기준이 되는 것이 있다. 듣는 이가 아니라 말하는 이에게 이익을 주는 이야기라는 점이다.

신화는 인간이 신과 가까운 존재가 되고 최고의 잠재력을 실현하는 이야기이지만, 선전은 대중에게 권력자를 찬양하고 그들의 욕망에 따르라고 강요하는 이야기다.

인도는 왜 무너졌을까

1757년 소규모 영국군 부대가 동인도회사라는 이름을 앞세워 인도의 한 지역을 점령하고 식민지 총독부를 세웠다. 그리고 이후 200년이 넘는 시간 동안 그들은 경제적, 정치적 차원에서 인도를 계속해서 지배했다.

그런데 어떻게 그럴 수 있었을까? 소규모 병력에 불과한 영국군이 어떻게 그 거대한 인도를 손에 넣을 수 있었던 걸까? 여러 가지 측면에서 1대 100만 정도로 열세인 상황에서 말이다.

그 해답은 기존의 인도 문화를 바꿀 수 있는 일련의 이야기와 기대를 만들어냈다는 데 있다. 영국군은 인도의 문화를 적극 활용함으로써 천 년의 역사를 이어온 계급 구조 위에 하나의 새로운 지배계급을 추가했다. 그들은 무력이 아니라 선전을 통해 인도 사회를 지배하고자 했다.

그들이 만들어낸 선전은 신화와 비슷한 이야기였고, 신화와 비슷한 기대를 담고 있었다. 지배와 복종을 순순히 받아들이는 것이 미덕이 되었고, 이러한 사회적 분위기가 계속해서 이어졌다. 그들은 사람들이 꾸는 꿈이 지배자의 기대와 일치할 때, 비로소 평화가 찾아온다고 말했다.

이후 영국의 힘은 인도를 넘어 세계로 나아갔다. 지금 우리가 알고 있듯이, 대중문화라고 하는 것은 식민지 시대 이후에 등장했다. 더 구체적으로는, 처음부터 우리를 여기까지 데리고 온 산업경제에 의해 시작되었다. 그 결과로 우리 사회는 중상주의, 제국주의, 자본주의를 근간으로 한 발판을 마련했다. 덕분에 사람들이 대중문화를 누릴 수 있도록 충분한 부를 가져올 수 있었다. 하지만 그 모든 것이 이제는 거꾸로 우리가 세상을 바라보는 방식을 결정하고 있다.

오래된 선전 문구들의 의미

생산 중심적인 산업 문화가 발전을 거듭하는 동안, 우리 사회는 사람들이 다음과 같은 선전을 받아들이도록 강요했다.

- 소란을 피우지 마라
- 지도자를 따라라

- 힘들어도 참아라
- 팀워크란 상사의 지시를 따르는 것이다
- 그대로 있어라
- 아이들에게 복종을 가르쳐라
- 모난 돌이 정 맞는다
- 사회가 지켜줄 것이라 믿어라
- 태양에 너무 가까이 날지 마라

이러한 선전들은 우리를 지치게 하고 머릿속을 파고들어 자아를 바꾸어놓는다. 플리커의 창립자 카테리나 페이크의 이야기를 읽어보고 어떤 느낌이 드는지 생각해보자.

사람들에게 긍정적인 인상을 심어주는 것보다 더 뿌듯한 게 있을까요? 열렬한 공감을 불러일으키는 것보다 더 기분 좋은 일이 있을까요? 연설로 사람들을 흥분시키는 것보다 더 많은 에너지를 얻을 수 있고, 사람들의 관심을 받는 것보다 우리의 마음을 더욱 강하게 사로잡는 것이 있을까요? 강당을 가득 메운 청중의 기대에 가득 찬 눈빛을 바라보는 것보다 더욱 가슴 설레고, 쏟아지는 박수갈채보다 우리를 더욱 강하게 압도하는 것이 있을까요? 마지막으로, 좋아하는 사람들에게서 기분 좋은 관심을 받는 기쁨만 한 게 또 있을까요? 다른 사람들에게 받는 관심은 가장 거부하기 힘든 마약입니다. 사람들의 관심은 그 어떤 상보다 화려합니다. 그러므로 영광이 권력을 이기고, 인기가 부를 능가하는 겁니다.

너무 낮게 날지 말라는 경고를 삭제해버린 이카루스 신화의 속임수에 대해 생각해보자. 페이크는 그것과는 전혀 다른 이야기를 들려주고 있다. 열정적으로 자기 목소리를 드러내 공감과 관심을 불러일으키라고 말한다.

그가 이야기하는 바 개인적인 성취와 아트적 광기는 오늘날 산업 문화가 추구하는 가치와 정면으로 부딪히고 있다. 영광을 위한 것이든 아니면 내적 만족을 위한 것이든, 아트는 자만을 멀리하라고 외치는 사람들에게 두려움을 준다.

우리는 생업은 물론 따분한 생산 활동을 참고 견뎌야 한다는 주장을 그대로 받아들이고 있다. 그것도 마땅히 그래야 한다는 듯이 너무나 자연스럽게 말이다. 가끔은 우리 문화의 신화적 존재인 아웃라이어들을 칭송하기도 하지만, 거기에는 '그들은 나와 다르다'는 전제가 항상 깔려 있다. 비틀즈나 레이디 가가의 팬은 될 수 있지만, 자신이 그런 사람이 될 수 있다는 생각은 하지 못한다. 그들은 신화 속의 신이고 나는 그저 평범한 소비자에 불과하다고 선을 긋는다.

"자신이 하는 일에 대해 생각하지 않는다면,
전문가일지는 몰라도 아티스트는 아니다."

불충한 자가 되어라

당연한 얘기지만, 두려움도 시대에 따라 변한다. 원시 시대부터 한동안은 야생 동물에 대한 본능적인 두려움, 어둠과 포식자에 대한 두려움이 가장 컸다. 그런데 산업사회에 들어서면서는 권위에 대한 두려움, 복종하지 않으면 어떤 일이 일어날까에 대한 두려움, 자신의 존재를 드러내는 것에 대한 두려움이 훨씬 커졌다.

산업가들은 우리에게 거래를 제안했다. 일단 무리 속으로 들어가면 고독을 잊을 수 있고, 꼬박꼬박 나오는 월급으로 불안을 떨쳐버릴 수 있다고. 거창한 꿈을 포기하면, 보호받고 있다는 안정감을 느낄 수 있다고. 다만 이것들을 얻으려면, 그 대가로 인간성을 포기해야 한다고.

그 속을 자세히 들여다보면, 결코 공정한 거래가 아니라는 사실을 알게 된다. 여러 신화 속에서 우리는 자만과 불복종의 죄로 벌을 받는 신들을 찾아볼 수 있다.

위대한 왕이자 훌륭한 장군이며 존경받는 지도자였던 테세우스는 지하세계로 내려간 자만 탓에 바위에 묶여 오랜 고문을 당해야 했다. 그는 너무도 멀리 가고자 했던 것이다. 성과 대성당, 심지어 오두막집의 주인들은 이러한 불충한 행동들을 단죄하는 이야기를 퍼뜨리고, 신들처럼 행동하는 것을 엄두조차 내지 못하도록 억압한다.

그럼에도 아트는 자만과 불복종을 '모두' 요구한다. 창조를 향한 자신감과 현재를 뒤엎고자 하는 저항의 정신을 원하는 것이다.

아티스트에게 필요한 습관

성공에 이르는 길에는 엘리베이터가 없다. 끊임없이 이어지는 수많은 계단만이 놓여 있다. 물론 든든한 배경을 갖췄고, 권위자나 풍부한 자원에 접근할 수 있는 몇몇 운 좋은 이들은 엘리베이터를 타고 곧바로 몇 층씩 올라갈 수 있을 것이다. 거기에 약간의 용기만 있다면 산업사회의 피라미드에서 상당히 높은 자리까지 오를 수도 있다.

하지만 대부분은 바닥부터 한 계단씩 차근차근 걸어 올라야 한다. 계단을 오르다 중도에 포기하지 않으려면 습관이라는 친구가 반드시 필요하다.

B.F. 스키너는 특정 행동에 보상을 함으로써 습관을 형성할 수 있다는 사실을 보여주었다. 어떤 행동에 보상이 주어질 때, 그 행동을 반복하게 될 가능성이 높아진다. 그리고 반복이 충분하면, 비로소 습관으로 자리 잡는다.

기업은 지각에 벌점을 부과하는 제도로 직원들을 일찍 출근하도록 만든다. 날마다 접하는 수많은 광고들은 힘들게 일해서 번 돈으로 소비를 하라고 부추김으로써 우리에게 쇼핑 습관을 들인다. 또한 유명 대학을 나와서 유명 기업에 들어가야 한다는 끊임없는 압박은 우리를 결국 시스템의 일부가 되어야 안심하도록 유도한다.

산업사회는 당장의 생산성을 높이는 데 기여한 사람들에게 즉각적으로 보상한다. 그렇게 함으로써 우리가 현재 상태에 맞서 새로움을 창조하는 일에 도전하는 대신, 생산 활동에 익숙해지도록 한다.

만약 당신이 아트를 하기로 결심했다면, 가장 먼저 새로운 습관부터 만들어야 한다. 다음 여섯 가지는 아티스트에게 꼭 필요한 생활 습관이다.

- 혼자서 조용히 앉아 있기
- 특별한 이유 없이 새로운 것을 배우기
- 사람들에게 솔직한 대답을 요구하고 듣기 좋은 칭찬은 외면하기
- 다른 아티스트들에게 먼저 격려의 말을 건네기
- 변화를 위해 다른 사람들을 가르치기
- 자신이 만든 것을 과감하게 드러내기

세계를 바라보는 두 가지 시선

우리의 세계관은 태어나는 날에 만들어지는 것이 아니라 살아오

면서 서서히 형성된다. 우리가 성장한 문화 그리고 특정한 행동으로 받았던 보상이 하나로 뭉쳐, 정보를 처리하고 의사결정을 내리는 과정에서 일련의 편견이나 해결책을 만든 것이다.

새로운 상황이나 아이디어에 맞닥뜨렸을 때, 우리는 자신의 세계관에 따라 질문을 던진다.

나는 바로 여기에 엄청난 시사점이 있다고 생각한다. 산업가들은 세상을 문제가 있고, 그것을 해결해야만 하는 공간으로 바라본다. 그래서 기술이 뛰어난 사람을 좋아하고, 그러한 인재를 찬양한다. 반면 아티스트들은 세상을 다양한 프로젝트를 추진하고 수많은 관계를 형성할 수 있는 공간으로 본다. 프로젝트가 과연 성공할 것인지 또는 어떤 방식으로 추진해야 할지는 사실 별로 중요하지 않다.

산업가들은 묻는다. "여기에 어떤 위험 요소가 있을까?" 또는 "지금의 시스템을 개선하기 위해 무슨 일을 해야 할까?" 그리고 가장 중요하게 이렇게 묻는다. "정말로 안전할까?"

반면 아티스트들은 이렇게 묻는다. "어떻게 무너뜨릴 수 있을까?" 또는 "모든 걸 변화시키고 강력한 영향을 미칠 기회를 어디서 발견할 수 있을까?" 그리고 가장 중요하게 이렇게 묻는다. "정말로 흥미로울까?"

캐시디 데일이라는 작가는 사람들을 기사와 정원사로 구분한다. 여기서 기사란 세상을 승자와 패자, 선과 악이 권력을 놓고 다투는 전쟁터로 보는 사람이다. 반면 정원사는 보살피고, 연결하고, 만나는 사람들 모두가 성장할 수 있도록 본능적으로 도움을 주려는 사람이다. 두 부류의 상반된 세계관은 먹을거리를 사고, 종교의 가르침을 따르거나 어기고, 투표를 하는 등 온갖 행동에 큰 영향을 미친다.

아놀드 토인비는 수천 년 동안 여러 문명에서 나타났던 지배적인 세계관들을 연대기 형식으로 정리하면서, 승자와 패자를 구분했던 문화 그리고 도전과 대응에 주목했던 문화로 양분했다.

데일과 토인비의 이론 중 어느 쪽도 엄격하고 완벽하게, 그리고 세상을 있는 그대로 정확하게 그려내지는 못했다. 그래도 분명한 것은 두 이론 모두 심오한 통찰력을 보여주었으며, 세상에서 일어나는 사건과 그 속에 등장하는 인물들 그리고 이 책을 해석하는 방식에 이르기까지 사람들에게 큰 영향을 미쳤다는 점이다.

아티스트의 눈으로 세상을 바라보지 않는다면, 당신은 지금 주변에서 일어나고 있는 놀라운 변화를 받아들일 수 없을 것이다. 우리에게 주어진 기회(또는 과제)에 대한 의심은 잠시 접어두고, 가만히 앉아 상상을 해보자. 이 세상을 해결해야 할 문제가 아닌 하나의 기회로 바라볼 때 앞으로 무슨 일이 벌어질지를 말이다.

당신이 어떤 부류인지를 다음 질문으로 파악해보라. 대비되는 두 질문 중 당신은 어떤 질문을 더 자주 하는가?

- 어떻게 더 많이 얻을 것인가? vs. 어떻게 더 많이 나누어줄 것인가?
- 어떻게 성공 가능성을 높일 것인가? vs. 어떻게 위험을 감수할 것인가?
- 지도는 어디에 있나? vs. 미지의 땅은 어디에 있나?
- 자금을 충분히 확보했는가? vs. 아트에 충분히 많이 도전했는가?

신들의 일을 하자, 아티스트로서

물론 헬렌 켈러는 실존했던 인물이다. 그렇지만 에디슨이나 갈릴레오와 마찬가지로 그녀 역시 신화적인 존재가 되었으며, 실제 인물이라기보다는 영감을 자극하는 이야기 속 인물에 더 가깝다.

무려 2500년 전에 그리스 철학자 유헤메로스는 모든 신화가 인간과 왕 그리고 성인들의 실제 삶을 기반으로 했다고 주장했다. 그는 제우스의 실제 무덤을 지적하기도 했으며, 사람들이 신화를 이야기하는 이유는 서로서로 더 큰 존재가 되기를 격려하기 위함이라고 설명했다.

신화의 목적은 이야기 속에 등장하는 신들이 우리와 동떨어진 존재라는 느낌을 전달하는 게 아니라, 우리도 그들과 같이 놀라운 일을 이룩할 수 있다는 가능성을 보여주는 것이다.

어제의 일 | 목화를 따고, 건초를 쌓고, 화물을 선적하기. 양식대로 작성하고, 설명서에 따르고, 시험에 통과하기.

내일의 일 | 새로운 일을 시작하고, 알아내고, 연결하고, 방문하고, 질문하고, 배우고, 위험에 도전하고, 마음을 열기.

그리고 다음 할 일은? 어제의 일은 기계의 일이다.

내일의 일은 신화 속 신들의 일이다. 자신의 운명을 짊어지고, 스스로의 선택에 책임지고, 자신의 힘을 발휘할 수 있는 자유를 지닌 신들의 일이다. 다시 말해, 바로 아티스트들의 일이다.

신은 우리 안에 존재한다

신화 속 신들은 너무나 인간적이다.

우리가 창조한 신들은 인간의 가장 뛰어난 모습과 닮았다. 한 예로 제우스의 아들 헤라클레스는 이상적인 남성이다. 그의 외모는 〈맨즈 피트니스〉라는 잡지의 표지 모델 못지않게 준수하고, 그 용맹함은 특수부대 요원에 지지 않는다. 헤라클레스가 실존 인물이었든 아니든 간에 우리 안에는 그의 일부가 살고 있다.

슈퍼맨, 토르, 모세, 아테나, 조지 거슈윈, 토머스 에디슨. 이들 모두는 우리와 같은 모습을 하고, 우리 안에 살고 있다. 우리는 이들처럼 강하고, 멋있고, 이타적인 인물이 될 수 있다고 믿는다. 신들이 했던 것처럼 노력하고, 연결하고, 기여하는 것. 그러한 모습 이야말로 우리가 그들을 만들어내고, 숭배하고, 공감하는 이유다. 우리는 항상 그들의 모습을 간직하며 살아간다.

하지만 우리는 아직 이러한 인물들을 주인공으로 해서 신에 필적할 만한 능력을 보여주는 완전한 이야기는 만들어내지 못했다. 신화 속 신들과 같은 모습으로, 인위적인 요소들은 없이, 그리고 신과 같은 능력을 보이는 이야기를 어떻게 만들어내야 할지 아직 모르고 있다.

이카루스의 속임수는 그러한 이야기를 생각지도 말라고 말한다. 자만의 위험성을 직접적으로 경고하면서, 우리 마음 깊은 곳에 흔적을 남겨놓았다.

그러나 그러기엔 너무 늦었다. 우리는 이미 자만이 유일한 탈출구인 세상을, 신화 속 신들처럼 행동하는 사람들이 미래를 지배하는 세상을 구축했다.

자만을 통해 인간적인 존재가 된다

신이 우리와 같은 모습을 하고 있다면, 우리가 신들과 같은 존재가 되는 것도 가능하지 않을까?

신만이 할 수 있을 법한 일을 가리켜 흔히 '신통력' 또는 '귀신

같은 솜씨'라고 이야기한다.

스스로에 대한 의심이나 인위적인 것들을 모두 떨쳐버리고 자기 책임을 그대로 받아들일 때 그러한 솜씨가 발휘되는데, 이는 자아에 대한 인식 없이 행동하는 순수함의 경지라고 할 수 있다. 이를 발현할 수 있는 사람은 순수하고 올바르게, 신들처럼 살아가는 사람이다.

이 얼마나 담대한가! 다이달로스의 경고를 무시한 채 태양을 향해 날아오르고, 겸손을 저버린 채 가질 수 없는 것을 향해 달려갔던 이카루스의 기개는!

우리라고 해서 그러지 말란 법도 없지 않은가?

자만은 우리를 신과 같은 존재로 높인다. 그리고 신과 같은 존재로 올라서려는 노력은 우리를 더욱 인간적인 존재로 만든다.

우리의 겸손은 이미 차고 넘친다. 적은 봉급에 만족하는 근로자, 까다로운 질문을 숨기는 학생, 사람들의 비난이 두려워 작품을 감춰두는 아티스트 등. 하지만 이것은 왜곡된 겸손이며, 이를 더욱 강화하기 위해 우리 사회는 다양한 선전 활동을 펼친다.

조지 오웰조차 그의 작품 속에서 이렇게 말했다.

"인류라고 하는 거대한 집단은 꼭 이기적인 존재는 아니다. 대략 서른 줄에 접어들면서 사람들은 거창한 꿈을 접고, 대개 자신이 독립적인 존재라는 사실을 잊는다. 실제로 인간들은 주로 타인을 위해 살고, 힘든 노동을 참고 살아간다. 하지만 오직 자신의 길을 걸어가겠다고 결심한, 재능 있고 고집 센 사람도 몇몇 있다."

인간을 꿰뚫어본 작가로서의 통찰력이 놀라울 따름이다.

이카루스의 자만, 자신의 행동이 무엇을 의미하는지 알지 못한 채 끝까지 날아오르려 했던 그 욕망에서 교훈을 발견할 수도 있을 것이다. 하지만 그 점을 강조해야 할 정도로 오늘날 우리 사회에 자만이 만연해 있지는 않다. 인간의 가장 뛰어난 모습과 획기적인 아이디어를 공유하려는 사람들도 그다지 많지 않고, 사람들의 자존감을 높이기 위해 격려하는 리더도 별로 없다.

도리어 남들에게 방향을 묻고, 지도자를 따르고, 안전하게만 움직이려는 지나친 겸손에 사로잡혀 있다. 삶의 주도권을 기꺼이 양도한 채 비난받지 않고 살아가는 일에만 붙들려 있는 것이다.

우리의 진정한 문제는 지나치게 낮게 날고 있다는 것이다. 너무 높이 날았다는 비난을 받을까 봐 걱정하고, 남들과 어울리지 못할까 봐 초조해하는 마음에, 선전에 속아 넘어가고 재능을 드러내지 못한다.

실패할수록 태양에 더 가까이 날자

아트에 대한 보상은 즉각 주어지지 않는다. 다른 사람들과 관계를 맺을 때까지, 그리고 다른 누군가를 만나서 감동을 전달할 때까지 그것은 진정한 아트가 아니기 때문이다. 용기와 믿음, 열정만으로 자신의 아트를 남들에게 전달하고, 그 모든 노력이 끝나고 나서야 '훌륭한' 아트였는지 아닌지를 평가할 수 있다.

바로 이러한 점이 아트와 마케팅 간의 차이다. 또한 아트와 일반적인 업무, 아트와 일상적인 모든 일 간의 차이이기도 하다. 우리 삶의 영역에서 일어나는 모든 일은 '이걸 하면 저걸 주겠다' 는 거래 조건을 기반으로 이루어진다.

반면 아트의 세계에서 일은 이렇게 돌아간다. '다른 사람들에게 내가 원하던 반응을 얻었다. 항상 그렇진 않겠지만, 때로는 성공을 거둘 수 있다. 성과를 얻고자 한다면, 먼저 도전을 해야 한다.'

여기서 자신감은 매우 특별한 요소다. 우리는 항상 '성공할 수 있을지'를 걱정한다. 최선을 다하고 나서도 '실패할지 모른다'고 걱정한다. 언제나 자신감을 갖고, 무슨 일이 일어나든 그 자체로 가치가 있다 확신하고 세상에 뛰어드는 건 신만이 할 수 있는 일이라고 생각한다.

아트의 세계로 진입할까 말까를 소심하게 고려 중인 사람들에게는 안타까운 소식이지만, 외적인 성공 가능성은 처음엔 아주 미미하다(조금씩 증가하기는 하지만). 그러므로 단 한 번의 시도만으로 결론을 내릴 수는 없다. 우리는 평생을 바쳐야 한다. 그것은 하나의 사건이 아니라 끝없는 과정이다. 조금 맛보고 다시 일터로 돌아가는 식으로는 아트를 할 수 없다. 이제 당신에겐 아트가 일이 되어야 한다.

물론 외적 보상이 이 활동을 지속하도록 도움을 주기는 하지만, 그렇다고 해서 아트의 목적이 외적 보상을 얻기 위한 것은 절대 아니다.

결과가 실패로 끝난다 하더라도 아트를 향한 내면의 열정에 의문을 품지 말자. 자신이 작품을 만드는 방식이나 그 작품이 얼마나 훌륭한지에 대해서는 의문을 품을 수 있겠지만, 아트를 향한 내면의 열정에 대해서는 아니다.

아트가 실패했다면, 방법은 하나다. 더 나은 아트에 도전하는 것. 여기에 더 나은 아트를 위한 세 가지 방법이 있다.

- 태양에 더 가까이 날자.
- 사람들 앞에 자신을 적나라하게 드러내서 더욱 위태로운 상황으로 스스로를 몰아가자.
- 그리고 그들과의 연결을 모색하자.

"당신이 물어야 할 것은 신과 같은 작품을 만들 수 있느냐가 아니다. (당연히 할 수 있으나) 과연 그럴 의지가 있는가를 물어야 한다."

발걸음을 내딛는 용기

2012년 1월 나는 허벅지 근육을 심하게 다쳤다. 치료를 받으며 6개월을 보냈는데도 제대로 뛸 수 없었다. 그러나 그건 통증이 심하거나 몸을 제대로 움직일 수 없어서가 아니었다(다행히 그 정도는 아니었다). 내가 움직일 엄두를 내지 못했기 때문이다. 머릿속은 망설임으로 가득했고, 한 걸음도 쉽게 내딛지 못했다.

자신감, 다시 말해 앞으로 벌어질 일에 개의치 않는 대담한 태도는 아트를 향해 도전할 준비가 되어 있음을 세상에 그리고 자기 자신에게 선언하는 것이자, 무슨 일이 벌어질지 신경 쓰지 않는 용기다. 직장 상사는 당신의 그런 용기를 탐탁지 않게 여길 것이고, 시장은 이를 환영하지 않을 것이며, 친구들은 멍청한 짓이라 말할 것이다. 그러나 바로 그 용기가 아트의 핵심이다.

우리는 아트를 완성하고 난 '뒤에' 사람들의 반응을 얻는다. 여기서 중요한 것은 아트가 먼저 있어야 한다는 사실이다. 오로지 반응에만 집착한다면 그리고 박수갈채를 더 많이 받기 위해서만 애를 쓴다면, 우리가 도달할 수 있는 최고의 경지에 이르지 못할 것이다.

누구든 자신의 의견을 밝힐 권리는 있다. 그러나 설득력이 거의 없는, 그러면서도 늘 빠지지 않는 최악의 비평도 있다. 즉 '내가 좋아하지 않으므로, 다른 사람들도 좋아하지 않을 것이다'를 전제로 하는 비평이다.

비평가들이 '정말 재미없는 연극이다'라고 평가할 때, 그 정확한 의미는 '나는 재미가 없었지만, 당신은 좋아할 수도 있다'라는 것이다. '이 책은 안 팔릴 것이다'라는 말은 사실 '나와 취향이 비슷한 부류는 이 책을 사지 않을 것이다'라는 뜻이다.

객관적인 근거 없이 자신이 부정적인 느낌을 받았다 하여 혹평을 일반화하는 것은 비평이 아니라 억지라고 해야 한다. 자신의 주장에 대해 아무런 책임을 지지 않고 아티스트를 비난하는 짓이기 때문이다.

그런데 대부분은 이러한 비평에 상당히 진지하게 반응한다. 평론가의 지적이 옳고 다른 사람들도 모두 그렇게 생각한다고 믿는 것이다. 그러면 부정적인 생각과 의심이 시작되고 열정이 시들면서 아트를 향한 길을 잃고 만다. 다시 도전하더라도 매번 머뭇거리면서 점점 결과에 집착하게 된다.

하지만 아트는 모든 비평가를 만족시키기에는 너무나 중요한 일이다. 그러니 무시하고 갈 길을 가자. 그들이 틀렸다고 생각하자. 그들은 비평가일 뿐이며, 비평가들은 매번 틀리기 마련이다.

비평가들이 더 훌륭한 작품을 내놓으라고 요구한다면, 그런 비판은 귀담아들을 가치가 있다. 그러나 작품을 좀 더 무난하고 이해하기 쉽게 만들라는 요구는 신중하게 걸러서 들을 필요가 있다.

"우리는 지금 올바른 방법을 찾는 게 아니다.

도리어 올바르지 않은 방법을 찾고 있다."

_키스 리처드(롤링스톤즈 멤버, 가수)

아트는 사랑에 빠지는 일

우리는 우리가 기대하고 예측할 수 있는 결과에 쉽게 집착한다. 기대하는 대로 케이크가 나오길 바라고, 기대하는 시점에 청중의 박수가 터지길 원하며, 옐프 사이트의 방문자 모두가 우리 가게 피자를 좋아하길 바란다.

거기까진 괜찮다. 그런데 긍정적인 결과에 집착하면서, 그러한 결과가 나오지 않으면 어떻게 될지 걱정하기 시작한다. 그리고 성공 가능성을 최대한 높이기 위해 행동을 바꾸기 시작한다.

그런데도 좋은 결과가 나오지 않는다면(집착이 항상 좋은 결과로 이어지는 것은 아니다), 자신의 아트에 의문을 품고 더 많이 바꾸기 위해 노력한다.

그러다가 아트를 포기하고 만다. 결국, 권력자들의 손에서 벗어나지 못하는 꼭두각시로 남는 것이다.

혹시 사랑에 빠져본 일이 있는가? 그렇다면 누군가가 아무 이유 없이 좋은 게 어떤 상황인지를 이해할 수 있을 것이다. 그 사람의 직업이 무엇이어서가 아니라, 그 사람이 어떤 행동을 해서 또는 어떤 옷을 입어서가 아니라 무조건 좋은 경우 말이다.

조도우 가게가 비판에 대처한 방법
"어떤 분이 옐프에 올린 리뷰에서 자신이 먹어본 것 중 최악이었다고 한 미트볼을 맛보러 오세요."
자료: 〈허핑턴 포스트〉

아트에서도 어떻게 하든 사랑받으리라는 확신이 있다면, 긍정적인 결과를 얻고자 집착할 필요가 없다. 대신 더욱 심오한 가치를 파고들 것이다.

물론 이러한 기대는 위험천만하다. 어떤 결과가 나올지 아무도 모르기 때문이다. 그러므로 우리가 할 수 있는 일은 자신의 아트에 열정을 다하고, 그 결과에 미련을 버리는 것이다.

아트는 과정과 방향, 연결에 대한 열정이지 결과에 대한 열정이 아니기 때문이다. 집착 없이 나아갈 때, 우리는 진정한 아트를 이룰 수 있다.

> "도망치거나 통제하고 억압하려들거나
> 저항하려들기에 앞서 먼저 두려움의 실체를 이해해야 한다.
> 즉, 두려움을 그대로 바라보고, 연구하고, 맞닥뜨려야 한다.
> 두려움은 피하는 게 아니라 이해해야 할 대상이다."
>
> _지두 크리슈나무르티(사상가이자 명상가)

호숫가의 다이빙대를 본다면

나는 어릴 적 캐나다 온타리오에 있는 유명 캠프장 애로우혼에서 시간을 보낸 적이 있다. 깊은 숲속에서 여름 한철을 신나게 놀며 보냈는데, 가장 흥미로웠던 것은 호숫가에 마련된 7미터가 넘는 다이빙대였다. 어쩌면 7미터가 안 되었을지도 모르지만, 그래도 내겐 어마어마한 높이였다.

다이빙대는 그곳 아이들에게 마치 등대와 같은 존재였다. 좋게 말하자면 대단한 놀거리였지만, 사실은 굉장히 위험했다. 다이빙대에 오르려면 푸석푸석한 목재로 만든 21개의 미끄러운 계단을 밟고 올라가야 했다.

우리가 할 일은 간단했다. 위로 올라가서, 뛰어내리는 것이다.

거기를 올라갔다가 그냥 내려오는 것은 아이들에게 육체적으로 그리고 감정적으로 무척 가혹한 일이었다.

날이 갈수록 많은 아이가 숭고한 도전을 위해 몰려들었다. 아이들은 처음에는 기세등등하게 계단을 오르지만 꼭대기에 이르면 하나같이 멈칫한다. 그러고는 갑자기 얼어붙어 한 걸음도 움직이지 못하는 상태가 된다. 가끔은 몇 시간 동안 그러고 있기도 하는데, 심지어 열네 시간이나 멈춰 있던 아이도 있다.

여기서 중요한 질문 하나가 있다. 사다리를 오르고, 다이빙대 꼭대기에서 망설이기까지 아이들의 마음속에서는 무슨 일이 벌어졌을까? 분명히 아래에서 올려다볼 때에는 도전 욕구와 흥분을 느꼈다. 그런데 꼭대기에 도달하는 순간 아이들은 얼음이 되고 말았다. 틀림없이 무슨 변화가 있었던 것이다. 그 풋내기 다이버들은 아래에서는 전혀 보지 못했던 무언가를 보았음이 분명하다.

물론 실제로 변한 것은 없다. 아이들의 생각이 변했을 뿐이다. 아래에 있을 때는 두뇌의 한 부분이 빨리 위로 올라가라고 끊임없이 재촉한다. 모험을 추구하는 우리의 전두엽은 다이빙이 분명히 즐겁고, 용감하고, 영웅적이고, 대담하고, 환상적인 경험이 될 거라고 외친다. 이때 두뇌의 또 다른 부분인 도마뱀 뇌는 수면에 얼굴이 부딪혀 아플 거라거나 죽을지도 모른다고 걱정하지만, 사다리를 오르지 못하게 할 정도로 활성화되지는 못했다.

그러나 꼭대기에 이르자 게임의 판도가 완전히 바뀐다. 이제 죽음이 눈앞의 문제가 되었다. 도마뱀 뇌는 갑자기 엄청난 힘을 얻어 이렇게 외친다. "말도 안 되는 장난을 그만둬! '너무 높아!' 위험해. 미친 짓이야!"

그럼에도 어떤 아이들은 아무런 망설임 없이 몇 번이고 다시 도전한다. 아이들은 물 밖으로 나오자마자 다시 계단으로 올라가 곧장 뛰어내린다. 아이들의 안락지대가 안전지대 쪽으로 이동한 것이다.

롤러코스터의 진실

우리는 롤러코스터를 타다가 죽는 일은 없을 것이라고 믿는다. 사실 롤러코스터를 타는 것보다 놀이공원까지 운전해서 가는 게 더 위험하다.

그러나 그 사실을 잘 알고 있음에도, 맨 처음 고지를 향해 천천히 올라갈 때면 점점 숨통이 조여오듯 긴장감이 고조된다. 이윽고 절벽에서 떨어지듯 순식간에 하강한 이후, 오르내리기를 몇 번 반복하는 동안에도 내내 공포에 떤다.

그것은 롤러코스터가 그렇게 '설계되었기' 때문이다. 롤러코스터의 회전과 소음, 속도는 우리의 이성적인 전두엽을 그냥 통과해서 아미그달라로 직행 하도록 설계되었다. 아미그달라는 선사

시대부터 존재하면서 위험을 감지하고 걱정을 담당해온 두뇌 조직(편도체)이다.

우리 문화에는 가상의 롤러코스터가 가득하다.

가령 공항의 입출국 심사는 일종의 문화적 롤러코스터다. 그 과정은 제복을 입고 이런저런 지시를 내리는 교통안전국 직원들 등의 장치를 통해 일부 승객으로 하여금 위협을 느끼도록 설계되었다. 고등학교 졸업 파티는 이와는 좀 다른 형태의 롤러코스터로 완전히 다른 감정을 자극하도록 설계되었다. 고등학교 졸업 파티는 참석하는 편이 더 나을 것이라는 생각에 그다지 인기 없는 아이들도 굴욕을 참아가며 억지로 가게 되는 행사다. 가지 않으면 나중에 후회하게 될지도 모른다는 미련을 자극하는 것이다.

채용 면접도 하나의 롤러코스터다. 면접은 엄청난 스트레스를 주지만, 사실 긴장만 하지 않는다면 더 잘 넘어설 수 있는 관문이다. 우리 본능에 존재하는 도주 반응은 밀림에서 사자와 마주쳤을 때나 필요할 뿐 면접을 보는 동안에는 아무런 쓸모가 없다. 하지만 면접관들은 일부러 극심한 스트레스 상황을 조성하고 면접자들은 도주 본능이 발휘되어 한없이 위축된다. 면접관이 그렇게 하는 이유는 면접자들을 구석으로 몰아감으로써 실제 업무에서 어떤 성과를 보여줄지 알아볼 수 있다고 착각하기 때문이다.

그중에서도 문화라고 하는 가장 거대한 롤러코스터는 우리가 고개를 숙이고 복종하도록 압력을 행사하며 모든 아트 활동을 그만두라고 강요한다. 잘못하면 해고를 당하거나, 조직에서 쫓겨나거나 배척당하고, 공동체에서 추방될 것이라고 협박한다. 이는 명시적으로 드러나지는 않지만, 우리가 학교에 입학하자마자 가장 먼저 배우게 되는 것들이다.

아트는 인생의 특권

아만다 파머는 인터넷 세상의 록스타다. 2008년 록밴드 드레스덴 돌스를 떠난 이후로 아만다는 꾸준히 그리고 한결같이 독립 뮤지션으로서 생계를 유지하면서도 화제를 불러일으키는 새로운 방법들을 보여주었다.

아만다가 최근에 거둔 깜짝 성공은 2012년 중반에 있었던 클라우드 펀딩 사이트 킥스타터를 통한 모금활동이었다. 물론 그 성과는 하룻밤에 이루어진 것은 아니다. 노력하고, 도전하고, 계획을 세우는 데 투자한 세월이 있었다. 그 결과 30일 동안 100만 달러가 넘는 자금을 모았다. 그것도 음반사나 신인 발굴팀, 벤처 자본가, 유료 미디어 등의 도움을 전혀 받지 않은 채로 말이다.

아만다에게 지금까지 무료 공연을 하고, 음반을 내고, 행사를 벌였던 이유가 킥스타터 모금 활동을 위한 것은 아니었는지 물어본다면 어떨까? 아마도 한바탕 욕설을 퍼부은 뒤에 "노"라고 말할 것이다. 온라인, 오프라인 상에서 그렇게 많은 시간을 투자한 것이 결국 나중에 먹고살기 위한 것 아니었느냐고 물어봐도 대답은 마찬가지일 것이다. 아만다는 자신의 아트를 팬들에게 선물하는 것이 인생의 특권이라 생각하기에 신이 나서 그런 활동을 한 것이다.

> "나는 사람들이 아티스트라는 사실을 자각하기를 바란다.
> 우리는 모두 아티스트이자 창조자이며, 감각을 높여나가는 존재다.
> 다만 스스로 그 사실을 모를 뿐이다."
>
> _이브 클랭(화가)

도전은 신들의 몫이라고 핑계대지 마라

우리 사회는 다중인격을 인정하지 않는다. 정신분열증에 걸린 사람들을 무시하고 조롱한다. 하지만 어떤 측면에서는 우리 모두 정신분열자가 아닐까.

머릿속의 한 부분은 계단을 오르고, 도약하고, 날고, 강한 인상을 남기라고 말한다. 그러나 더욱 원시적인 다른 부분은 안전을 생각하고, 가능한 한 낮게 날고, 실패를 회피하라고 말한다.

산업경제는 바로 그 후자의 본능을 강조하고, 그것을 따랐을 때 보상을 주었다. 아티스트들을 하나의 예외이자 영웅 또는 특이한 사례로 치부하면서 사회를 이룩해왔다.

그런데 그중에서도 최악은 특별한 재능에 대한 것이다. 말하고, 쓰고, 이끌고, 개발하고, 위로하는 일에서 특별한 소수만이 신과 같은 능력을 타고난다는 주장이다. 그 논리에 따르면, 나머지 사람들은 극소수에게만 주어진 특혜를 절대 넘봐서는 안 되는 평범한 일벌이 되고 만다.

우리는 그 이야기에 장단을 맞추어왔다. 잘못된 생각을 가진 부모나 의욕 없는 유치원 교사, 코앞의 일만을 생각하는 코치나 상사가 자녀나 학생, 직원들에게 스스로 재능이 없다고 믿게 하기란 그리 어려운 일이 아니다. 몇 번의 훈계만으로도 그렇게 할 수 있다.

하지만 소수만이 재능을 타고난다는 것이 명백한 진실이라면, 우승자를 가려내기가 왜 그렇게 힘들까? 그리고 왜 가끔은 누구도 예상치 못한 반전이 일어나는 걸까?

우리는 두려움을 느낀다. 인류는 수백만 년에 걸쳐 진화해왔지만 위험을 감지하는 모든 기능이 아직도 그대로 남아 활동하기 때문이다.

그래도 우리는 사람들 앞에 서야 한다. 분노를 자극할지 아니면 용기를 북돋게 될지 모르지만 관중 앞에 나서야 하며, 어리석은 주장이 되거나 권위자의 비위를 거스르는 주장이 될 수도 있는 이야기를 꺼내야 한다.

그렇게 한다고 마을에서 쫓겨나 야생 밀림 속에서 혼자 살아가게 될 위험은 없다. 그럼에도 우리의 본능은 경계를 게을리하지 않는다. 그리고 그러한 위험한 도전은 어떻게든 하지 않으려 한다. 무모한 도전은 오직 신들의 몫이며 신화 속에서나 가능한 이야기라고 생각한다. 우리의 일상과, 이 지루하고 평범하기만 한 인생과는 아무 상관이 없다면서 그저 그들의 용감한 업적과 무모한 도전에 대해 이야기하고 꿈을 꿀 뿐이다.

하지만 그 신들은 바로 우리 자신이다.

작가의 벽

'작가의 벽 Writer's block'은 심리분석가 에드먼드 버글러가 약 100년 전에 사용한 용어다. 저널리스트 조앤 아코셀라의 설명을 빌리자면, 글쓰기가 중요한 일이 되면서 저항이 점차 글쓰기를 압도해 버린 것이라고 할 수 있겠다.

다음의 도표는 그 증상이 어떻게 전염병처럼 널리 퍼져 나갔는지를 보여준다. 이 추세로 본다면, 아마도 몇 년 뒤에는 작가의 벽에 부딪힌 사람들의 수가 사립 탐정보다 훨씬 많아질 것이다.

100년 전만 하더라도 트롤로프나 디킨스와 같은 작가들이 생업을 유지하면서도 평생에 걸쳐 40권 또는 그 이상의 책을 써낸다는 게 그다지 놀라운 일이 아니었다. 그들은 그냥 자리에 앉아서 글을 썼고, 계속해서 완성했다.

그러나 1950년대로 접어들면서 글쓰기가 신과 같은 재능이 필요한 대단한 일이 되었다. 그러면서 음주가 늘고, 절필이 유행처

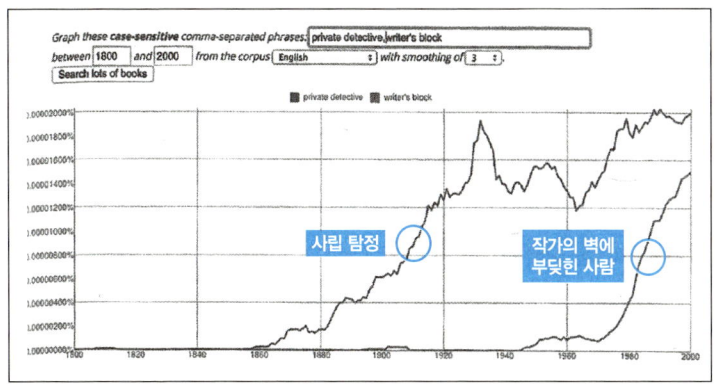

작가의 벽에 부딪힌 사람들
자료: 구글북스 앤그램뷰어

럼 번졌다. 실제로 글을 쓰는 것보다 글을 쓰는 작업에 대해 이야기하는 일이 훨씬 흔해졌다.

오늘날 우리가 바로 그 지점에 이르고 만 것이다. 다른 점이 있다면, 우리가 도전해야 하는 것이 개인적인 벽이 아니라 복종을 거부하고 비난에 맞서야 하는 위험으로 가득한 무언가라는 사실이다.

작가의 벽을 넘어서는 방법

글을 쓰는 이들에게 작가의 벽이 닥치는 것처럼, 난데없이 말문이 막히는 화자의 벽도 있을 수 있을까? 아직까지 그런 사람은 없는 것으로 보인다. 어느 날 아침에 일어나서 종일 또는 며칠 동안 영감이 떠오를 때까지, 특별한 순간이 찾아올 때까지, 삶의 혼란이 모두 잦아들 때까지 아무런 말도 하지 못하고 가만히 앉아 있는 사람은 아직 못 봤다.

화자의 벽이 발생하지 않는 이유는 말을 잘할 수 있을지 없을지를 심각하게 고민하지 않고 그냥 습관적으로 말을 하기 때문이다. 말이란 순간적으로 나타났다가 사라진다.

우리는 아무렇게나 이야기하다가 마지막으로 또는 아주 가끔 현명한 말을 한다. 끊임없이 이야기를 한다는 이유만으로 말하는 능력은 향상된다. 어떤 이야기는 성공하고, 어떤 이야기는 실패한다. 통찰력이 있는 사람들의 성공 확률이 조금 더 높을 뿐이다.

어쩌면 작가의 벽도 그리 큰 문제가 아닐지 모른다.

그냥 써보자. 아무렇게나 쓰자. 계속해서 쓰자. 공개적으로, 그리고 나아질 때까지 쓰자.

우리는 남들에게 보여주는 글쓰기 방법을 배워야 한다. 블로그를 해보자. 또는 트위터에 이런저런 글을 올리자. 필명도 한번 써보자. 댓글 달기 기능은 그냥 꺼두자. 우리에게 필요한 것은 지적이 아니라 그저 쓰는 것이다.

매일 그렇게 쓰자. 하루도 빠짐없이 쓰자. 일기나 소설이 아니라 분석하는 방식으로 쓰자. 세상에서 우리가 본 것들에 대해 분명하고, 간결하고, 솔직하게 쓰자. 보고 싶은 것을 써도 좋고, 글쓰기를 통해 강의를 하거나 어떤 일을 하는 방법에 대해 써도 좋다.

매일 한 문장이라도 '무언가'를 써야 한다면, 글쓰기 실력은 분명 좋아질 것이다. 물론 우리 두뇌 한쪽에서는 아미그달라를 활성화시켜 끊임없이 저항을 일으킬 것이다. 글을 쓰지 말라고, 어떤 글도 공개하지 말고 숨겨두라고 수선스럽게 굴 것이다.

실수를 하지 않는 데에만 관심이 있다면 당연히 글은 쓰지 않는 게 좋다. 아무것도 하지 않는 것이야말로 가장 완벽하고 흠 없는 일이다. 어떤 주장도 하지 않는 것이 가장 안전한 방법이다.

그래도 다행스러운 사실 한 가지는, 뭐라도 하는 게 아무것도 하지 않는 것보다 더 좋다는 것이다. 내일 어떤 이야기를 써야 한다고 생각한다면, 오늘 우리의 두뇌는 긍정적인 방식으로 작동할 것이다. 그렇게 생각한다면 형편없는 글도 새로운 시선으로 바라보게 될 것이며, 내일은 더 나은 글을 쓸 수 있게 된다. 그리고 그 흐름은 계속해서 이어질 것이다.

말하듯 글을 쓰자. 충분히 자주.

자신을 드러낸 위태로운 존재들

모든 신화에는 긴장이 존재한다. 어떤 신도 전지전능하지 않고, 어떤 행동도 확실하지 않으며, 누구도 반대나 위험이 없는 세상에 살고 있지 않다.

신들은 움직일 때 위험을 감수한다. 세상과 다른 신들 그리고 죽을 운명의 인간들과 관계를 맺고, 그 과정에서 사건이 벌어진다. 그런데 그 사건들이 모두 신들에게 유리하게 돌아가는 것만은 아니다. 바로 이러한 긴장감이 신화에 흥미를 더하고 신들의 인간에 가까운 모습을 드러낸다.

수전 케인이라는 작가가 2012년에 했던 TED 연설은 바로 이러한 이야기의 핵심을 보여준다. 내향적인 성격의 힘에 관한 책을 쓴 그녀는 역설적이게도 100만 명의 사람들 앞에서 자신의 소심한 모습을 있는 그대로 보여줌으로써 큰 호응을 얻었다.

케인의 이야기는 우리에게 많은 공감을 준다. 그 이유는 그녀가 새로운 진리를 발견했기 때문이 아니라, 마치 신화 속 신들처럼 자기 자신을 사람들 앞에 용감하게 드러냈기 때문이다.

위태로움 속으로 자신을 던진 또 한 명의 주인공이 있는데, 바로 신시아 캐롤이다.

신시아 캐롤은 최근에 수십억 달러 규모의 광업기업인 앵글로 아메리칸의 CEO로 취임했다. 앵글로 아메리칸은 다이아몬드와 백금 등 세계적으로 중요한 다양한 금속을 채굴하는 회사다. 신시아는 광업 분야에서는 최초의 여성 CEO이자, 남아프리카 출신이 아닌 첫 번째 CEO였다. 그녀의 책임은 그야말로 막중했다. 100년의 역사를 자랑하는 이 기업은 세계적으로 15만 명에 달하는 직원을 고용하고 있다.

어느 날 그녀는 악명 높은 루스텐버그 광산을 방문하여 '어둡고, 후덥지근하고, 축축하고, 험난한' 채굴 현장이 있는 수백 피트 지하까지 직접 내려갔다. 보수적인 조직 문화를 고려할 때 가히 충격적인 사건이었다.

신시아는 현장의 열악한 상황에 크게 충격을 받았다. 사실 그 광산에서는 1년에 평균 마흔 명에 달하는 사망자가 발생했다. 그녀는 지금까지 어떤 CEO도 내리지 못했던 결단을 내렸다. 바로 문제를 개선할 때까지 자발적으로 광산의 문을 닫기로 한 것이다.

그 결정은 안전사고 때문이거나(당시에는 아무런 사고도 없었다) 홍보 차원(가령 이틀간 폐쇄했다가 다시 정상 가동을 하는)으로 이루어진 게 아니었다. 단지 참혹한 근로 현장을 그냥 넘길 수 없었기 때문이다. 그리하여 세계 최대이자 가장 수익성이 높은 백금 광산이 무려 9주 동안이나 폐쇄되는 일이 일어났다. 기존의 조직에서는 엄두도 내지 못했던 일이다.

캐롤의 움직임은 거기서 멈추지 않았다. 노동조합과 정부 그리고 광업 기업들 사이에 생산적인 협력 관계를 구축했고, 새로운 기준과 생산방식을 도입하기 위해 수년간 싸움을 벌였다. 그 한 사람이 벌인 아트 프로젝트의 직접적인 결과로, 이듬해 루스텐버그 광산의 사망자 수는 절반으로 떨어졌으며 지금도 꾸준히 감소 추세를 보이고 있다.

그런데 이 이야기는 어떻게 외부에까지 알려졌을까? 신시아 자신이 직접 밝혔다. 그녀는 기업의 방안을 발표하고, 통계 자료를 공유하고, 자기 견해를 솔직하게 드러냄으로써 비판과 해고, 비난의 위험 속으로 스스로를 던졌던 것이다.

어떠한 지침도 없었고 의지할 만한 도구도 없었다. 위험천만한 아트에 뛰어들어 새로운 관계를 창조하려는 강력한 의지만 있었고, 그것으로 이뤄낸 변화였다.

아티스트의 주문

"실패할 수도 있어."

이 말은 아티스트들의 주문이다. 이는 위태로움의 근원이면서 매혹의 요소이기도 하다. 반드시 성공할 것이라 '확신'한다면, 어떻게 긴장감을 느끼겠는가? '성공할 수도 있어'와 '실패할 수도 있어'라는 말은 쌍둥이 자매다.

신화 속 신들은 전지전능하지도 완벽하지도 않다. 만약 완벽한 존재인 신의 이야기라면 우리는 신화에서 아무런 흥미도 느끼지 못할 것이다. 신들은 완벽한 존재가 아니라 다만 용감한 존재다.

산업주의자들과 당신의 상사는 모든 것이 확실하고, 효율적이고, 위험이 없어야 한다고 요구한다. 반면 아티스트는 그렇지 않다. 아트의 가치는 위험에 직면하고, 실패의 가능성을 용감하게 받아들이는 의지에 달렸다. 바로 신들처럼 말이다.

변화의 힘은 막강하다. 그러나 변화는 언제나 실패의 가능성을 동반한다. 그러므로 아티스트는 실패의 가능성 때문에 변화를 외면할 것이 아니라 '실패할 수도 있어'라는 주문을 외면서 당당 히 맞서야 한다.

두려움에 먹히지 마라

신화 속 신들은 종종 끔찍한 형벌에 처해진다. 신전에서 쫓겨나거나 독수리에게 영원히 간을 쪼이는 신세가 된다. 하지만 우리 인간이 그 정도의 형벌까지 받는 일은 거의 없다. 사업에서 실패하면 갈 곳을 잃게 되고, 생활은 끔찍해진다. 그건 냉혹한 현실이다. 하지만 그렇다고 해서 십자가에 묶여 화형을 당하는 일은 없다. 그리고 우리가 겪는 고통이라는 것도 두려워하는 만큼 오래 가지는 않는다.

더욱 다행스러운 사실은, 아트를 하다 실패한 프로젝트가 있다 해도 사람들의 기억 속에서 점점 잊힌다는 것이다. 거기에 따른 처벌은 없다. 'A' 표식을 달고 다녀야 하는 것도 아니고, 이제껏 쌓아온 모든 경력이 단번에 허물어지는 것 또한 아니다.

연결경제에서 가장 가혹한 처벌을 받은 사람을 꼽으라면 경기장에 아예 입장도 하지 않은 사람이라고 할 수 있다. 이들처럼 두려움에 사로잡힌 사람들은 결국엔 고립되고 만다.

우리 사회는 지금까지 수영의 중요성에는 주목하지 않으면서, 익사의 위험성은 지나치게 과장했다. 더 많은 이들이 도전할수록 더 많은 이들이 물에 빠질 것이다. 그건 옳은 말이다. 하지만 더 많은 이들이 수영을 배우게 될 것이라는 점도 분명하다. 그러면 더 많은 연결이 이루어지고, 더 많은 아트가 존재하게 된다.

아트에는 지도도, 따라야 할 지침서도, 확실한 길도 없다. 만약 그런 게 있었다면 세상은 이미 아트로 흘러넘쳤을 것이며, 그만큼 도전할 가치도 줄어들었을 것이다.

지도 없이 살아가는 삶은 산업 시대의 후손들을 불안하게 한다. 헛된 약속조차 없는 삶이기 때문이다. 그렇지만 위험이 굉장히 큰 만큼 지루할 틈이 없는 진정한 삶을 살게 된다.

"오, 인생이여. 어서 오게나.
나는 천만 번이라도 경험의 진실을 마주하고,
아직 완성되지 않은 인류의 양심을 벼리러
내 영혼의 대장간으로 가리라."

_스티븐 디덜러스, 제임스 조이스의 《젊은 예술가의 초상》에서

THE
ICARUS
DECEPTION

PART 4

무엇이 두려운가?

슈퍼맨의 약점

슈퍼맨은 사막이든 바닷 속이든 우주든 가리지 않고 눈부신 활약을 펼치는 초능력자다. 하지만 그에게도 약점이 있으니 바로 크립토나이트라는 광물이다. 슈퍼맨은 그 근처에만 가도 기운을 뺏기며 심하면 죽을 수도 있다. 그래서 갑옷을 입기는 하지만 약점 때문에 항상 경계해야 한다.

 기업의 조직표를 보면 수많은 사각형이 있고 이들 간 상하관계나 관련성을 나타내는 선들이 이어져 있다. 그 속에서 사람들은 존중받아야 할 개인으로서가 아니라 감정이 개입될 여지가 없는 숫자나 기계 부품 같은 존재로 기능한다. 산업화되고 조직화된 기업 세상은 대체 가능한 부속품과 노동력을 선호한다. 그리고 그 모든 것이 울타리 속에 가만히 있기를 원한다!

수많은 사각형으로 이어진 이 시스템 안에서 최고의 성공 전략은 튀지 않으면서 조금씩 위로 올라가는 것이다. 자신의 사각형을 지키고, 시스템을 따르고, 무엇보다 항상 튼튼한 갑옷을 입고 다녀야 한다.

그것이야말로 바람직하고 필수적인 전략이다. 자기 자신을 분명히 지킬 수 있는데, 왜 굳이 비판받고 실패하고 망신을 당할 위험 속으로 뛰어든단 말인가.

당신도 이 전략이 올바르다고 생각하는가? 그렇다면 그건 지난 세기 동안 끊임없이 계속된 산업경제의 세뇌에서 아직 벗어나지 못했다는 증거다. 그건 절대 바람직한 전략이 아니다. 인간적인 삶을 차단하기 때문이다.

크립토나이트는 슈퍼맨을 인간적으로 보이게 한다. 만약 슈퍼맨에게 약점이 없었다면, 결코 상처를 입지 않는 지루한 존재에 불과했을 것이다.

> "많은 이들에게 의혹의 눈초리를 받지 않는다면,
> 당신은 지금 변화를 만들어내고 있는 게 아니다."

재킷을 깜빡 잊고 나온 날

지금 강연장에는 600명의 청중이 들어서 있고, 오늘의 초대 연설자로서 강단에 오르기까지는 한 시간도 채 남지 않았다. 그런데 아침에 서둘러 나서다 보니 재킷을 그만 집에다 두고 왔다는 사실이 떠올랐다. 물론 핑곗거리는 있다. 집을 나설 때 기온은 무려 섭씨 37도였다. 이런 날씨에 누가 재킷을 입고 다닌단 말인가.

나는 연설을 앞두고 별로 긴장을 하지 않는 편이다. 천 번도 넘게 무대에 섰기 때문이다. 긴장이 일어나더라도 조금만 지나면 그냥 사라진다. 그런데 오늘은 두고 온 재킷 때문에 마음이 영 편치 않다.

그 재킷은 내게 일종의 갑옷과 같은 것이다. 슬라이드 화면이나 리모컨 또는 연단처럼 말이다. 이러한 것들은 나를 청중으로부터 멀리 떨어져 있는 존재로 만들어준다. 비록 3밀리미터의 두께밖에 안 되지만 재킷은 나를 한 사람의 연설자로, 청중과는 동떨어진 사람으로 보이게끔 해준다.

나는 지금껏 옷을 아무렇게나 입어서 청중을 무시한 적이 없다. 연단에 서서 앞으로 해야 할 일들에 대한 비전을 제시할 때 머뭇거린 적도 없다. 그런데 오늘 나는 안절부절못하는 상태로 강연장에 들어가게 될 판이다. 자기 분야에서 두각을 나타내고 있는 저 전문가들에게 무슨 이야기를 해야 할까?

나의 일은 청중과 교감하는 것이며, 이 일에는 언제나 위태로움이 따른다. 나는 항상 이렇게 말해야 한다. "제 생각은 이렇습니다." 다시 말해 다른 누군가의 또는 어떤 논문의 주장이 아니라

'내가 생각한 것'을 말해야 한다. 한마디로 나를 송두리째 드러내는 것이다.

위태로움의 언저리에서 발가벗은 채로 사람들 앞에 나서는 것은 종종 대단한 위험을 불러올 수 있다. 사람들 앞에 나서서 내 이야기를 할 때 자칫 흔들릴 수 있기 때문이다. 그러면 열정을 다해 청중의 마음을 파고들고 그들과 교감하는 데 차질이 생긴다. 하지만 위태로움은 나의 일을 더욱 가치 있게 해주는 한 가지 요인이므로 절대 포기할 수 없다.

그날 나는 약점을 가진 슈퍼맨과 같이 인간적인 면을 더욱 드러내는 전략으로 선회하여 강연을 성공적으로 마쳤다. 어쩌면 청중 역시 천하무적 슈퍼히어로의 모습보다 그쪽이 훨씬 마음에 다가왔을 것이다.

얀트의 법칙

약 100년 전에 스칸디나비아 작가 악셀 산데모세는 규범을 아주 중요하게 생각하고 모든 주민이 서로를 아는 자신의 고향, 니쾨빙 모르스의 문화에 관한 책을 썼다. 여기서 산데모세는 열 가지 얀트의 법칙Jante's Law을 소개했다(얀트는 등장인물 중 한 사람의 이름이다). 이 법칙은 지금도 의미를 지니며 여전히 여러 문화와 학교에서 이것을 가르치고 있다.

- 자신을 특별한 사람이라 생각하지 말 것
- 남들처럼 뛰어나다고 생각하지 말 것
- 남들보다 똑똑하다고 생각하지 말 것
- 남들보다 더 낫다고 믿지 말 것
- 남들보다 더 많이 알고 있다고 생각하지 말 것
- 남들보다 더 중요하다고 생각하지 말 것
- 뭔가를 잘한다고 생각하지 말 것
- 남들을 비웃지 말 것
- 다른 사람들이 자신에게 관심이 있을 거라 생각하지 말 것
- 남들을 가르칠 수 있다고 생각하지 말 것

수치심과 위태로움을 상기시키는 보너스 법칙 한 가지 더.

- 다른 사람들이 자신에 대해 잘 모르고 있을 거라 생각하지 말 것

얀트의 법칙은 창조를 향한 소망의 싹을 짓밟는다. 그것은 산업가들의 믿음이다. 물론 옛날에는 중요했지만, 지금은 아니다.

"조언은 됐고, 그냥 위로나 해줘"

망신을 당할지도 모른다는 불안감은 금세 우리 마음을 뒤덮어버린다.

어떤 친구가 문제가 생겼다며 이야기를 늘어놓는 것은(가령 소송이나 지겨운 업무, 요가를 하다가 입은 부상, 아버지와의 갈등에 대해), 대개 해결책을 원해서가 아니다. 다만 공감과 이해를 바랄 뿐이다. 사람들은 대부분 그렇다. 어쩌면 그 문제라는 것이 당사자에겐 일종의 목발이자 동반자 또는 동료와 같은 존재일지도 모른다.

그런데 혹시 이 점에 대해 의문을 가져본 적은 없는가? 왜 적극적인 자세로 해결하지 않고, 상황을 개선할 수 있는 현실적인 방법을 찾아보지 않는 걸까?

그건 그 과정에 위험이 따르기 때문에, 아무런 효과가 없을지도 모르기 때문에 또는 오히려 지금보다 상황이 더 악화될 수도 있기 때문이다. 어쩌면 당연한 걱정인지도 모른다.

그러나 더 핵심적인 이유는 따로 있다. 적극적인 노력이 어리석은 행동으로 비치거나 쓸데없이 나선다는 오해를 받을까 봐, 특히 실패했을 때 망신을 당할까 봐 두려운 것이다. 우리는 노력보다 결과가 중요하다고 세뇌를 당했으며, 주어진 문제를 항상 완벽하게 해결해야 한다는 강박관념에 사로잡혀 있다.

권력자들은 수치심을 무기로 삼는다

아트는 가식적이고 소극적이고 업무적인 자세에서 벗어나 필요 없는 것들을 떨쳐버리고, 숨을 곳과 핑계를 남겨두지 않은 채 핵심을 드러내 보이는 것이다. 그래서 아트는 우리를 위태로움의 구석으로 몰아간다. 최선을 다했고, 숨을 곳을 찾거나 핑계를 대지 않는다면, 그 결과는 순전히 우리 몫이다.

그러나 산업경제 안에서 사람들은 그렇게 일하지 않는다. 그들은 시스템 내부에서 적당한 은신처와 관행, 핑계를 찾으려 한다. 자기 생각을 말하거나 프로젝트를 책임지고자 나섰다가는 건방지다는 비난을 받을 위험이 따르기 마련이다.

산업가들은 사람들이 규칙에 따르도록 만들기 위해, 자만에 대한 비난의 위험성을 크게 과장해서 주입했다.

아이들이 숙제를 하게 하는 가장 쉬운 방법은 숙제를 하지 않은 학생에게 공개적인 망신을 주는 것이다. 마찬가지로 권력자들은 대중이 말을 잘 듣도록 만들기 위해, 명령을 거부한 사람들에게 공개적인 망신과 불이익을 준다. 구성원 모두가 조직에 충성하게 하는 가장 쉬운 방법은 아웃라이어를 색출하고 무모함과 불복종, 거만함이라는 죄목으로 공개적인 굴욕감을 안기는 것이다.

이러한 전략은 아이부터 노인까지 나이에 관계없이 정확히 먹혀든다. 권력자는 사람들의 말과 행동을 통제하기 위해 그리고 힘없는 자들이 입을 다물도록 만들기 위해 수치심 전략을 적극적으로 활용한다. "감히 어떻게", "당신이 뭐라도 되는 줄 아나 본데?", "뻔뻔스럽게도!" 같은 말을 주로 사용한다.

우리는 권력자가 "왜 그런 일을 했는가?"라고 물으면 "그렇게 지시를 받았기 때문입니다"라고 대답하라고 배웠다. 이는 안전한 대답이면서 책임에서 매끄럽게 빠져나오는 자기방어다. '시킨 대로 했을 뿐이다'라고 대답함으로써 우리는 사회적인 망신을 모면할 수 있다.

수치심에 대한 두려움은 사람들의 행동을 바꿀 만큼 강력하다. 그래서 권력자들은 그 전략을 오랫동안 애용해왔다. 그들은 수치심으로 사람들을 변화시키고자 했으며 자신의 말을 듣고, 믿고, 따라야 한다고 가르쳤다.

하지만 아티스트는 거기 굴하지 않고 이렇게 외칠 것이다. "내가 여기 있다!" 그리고 기대했던 대로 자신의 작품에 공감해준 청중과 더불어 인간적인 관계를 만들어나갈 것이다.

수치심에 대한 두려움이 위태로움의 일부로 자리 잡도록 그냥 내버려둔다면, 우리는 아트를 망치고 말 것이다. 수치심은 모든 것을 빨아들이는 블랙홀이자 누구도 건드리고 싶어 하지 않는 고압선과 같다. 그런 위태로움을 느낄 때, 사람들은 대부분 한 걸음 물러서서 갑옷을 챙겨 입는다.

그러나 그렇게 불안한 마음으로는 아트를 할 수 없다. 아티스트는 "성공하면 좋겠지만, 실패하면 망신을 당할 텐데…"라고 말하지 않는다.

  자신의 위태로움을 당당히 드러낼 수 있는 유일한 방법은, 아트의 결과물과 자신의 본능을 구분하는 것이다. 그건 얼마든지 가능하다. 누군가 수치심을 이용하여 당신을 지배하고자 한다면, 오히려 그 수치심을 긍정적인 부산물로 바라보길 바란다. 수치심이란 오직 스스로 용감하게 뛰어들었을 때에만 느낄 수 있는 감정이기 때문이다.

수치심에 지지 마라

'수치심을 모르는 자'라는 말은 매우 공격적인 비난이자 그 사람을 집단에서 격리시켜 외톨이 신세로 몰아붙이는 말이다. 이와 비슷한 말이 또 있다. 자기자랑만 늘어놓는 뻔뻔한 녀석, 부끄러움을 모르는 당돌한 여자, 분수를 모르는 허황된 아티스트….

  수치심은 자신이 한 일이나 말에 대해 다른 사람들의 비난을 받을 때 느끼게 되는 자연스러운 감정이다. 그런데 수치심은 우리의 영혼을 갉아먹는다. 수치심은 용기 있는 자들의 적이다.

  인간이라면 누구나 바라듯 수치심을 피할 수 있는 제일 쉬운 방법은 몸을 잔뜩 움츠리는 것이다. 산업경제는 다른 사람들의 주목을 받지 않는 것이 수치심을 피하는 길이며, 복종은 곧 평화를 의미한다고 강조해왔다. 하지만 몸을 낮춤으로써 수치심을 피하는 방법을 여전히 고수한다 해도, 예전과 같은 행복과 안정감을 느낄 수는 없을 것이다. 이미 상황이 바뀌었기 때문이며, 오히려 새로운 안전지대에서 더욱 멀어지기만 할 뿐이다.

수치심에서 중요한 사실은 그것이 우리의 선택에 달렸다는 것이다. 이 말은 얼마든지 계속해서 강조해도 좋다. 수치심은 강요할 수 있는 감정이 아니다. 다만 받아들이느냐의 문제다.

아티스트는 강력한 의지와 용기를 하나로 모아 수치심을 거부하는 사람이다. 비난은 어쩔 수 없지만, 수치심은 얼마든지 거부할 수 있다.

청중에게 자신의 모습을 그대로 드러내 보이면서, 수치심이 가져다주는 어두운 감정에서 한발 비켜서는 것이다. 스스럼없이 무대에 오르고, 강단에 서고, 회의에 참석하고, 키보드를 두드리고, 자신의 길을 꿋꿋이 걸어가기 위해서는 신과 같은 자신감이 필요하다. 수치심에 대한 두려움을 느끼지 못하는 것이 아니라, 의식적으로 거부하는 자세다.

심리학자 에드먼드 버글러의 말을 빌리자면, "창조적인 활동에 따르는 과대망상적인 즐거움은 (…) 다른 이들의 경험과 비교할 수 없는 의기양양함을 가져다준다".

수치심을 이길 때, 우리는 비로소 의기양양할 수 있다.

진정한 연결의 모습

목록을 한번 만들어보자. 배우자나 주변 사람들과 이야기 나누기 민망한 주제들을 한번 적어보자. 거기에 적힌 것들 그리고 차마 적기 힘들어 속으로만 생각한 것들이, 당신이 수치심을 느끼는 지점이다. 다시 말해 당신이 쉽게 위태로움을 느끼는 지점이다. 그래서 그 주제가 등장하면 당신은 잽싸게 갑옷을 껴입는다.

하지만 그 갑옷이 연결을 막으면서 수치심은 더욱 강화된다. 그리고 수치심의 어둠 속에서 아트는 시들어간다.

반면 그런 주제를 입 밖으로 꺼내고 문제를 제기할 때, 수치심의 공포는 옅어지고 다시 한 번 위태로움을 자신의 것으로 받아들일 수 있다.

당신의 아트에 대해 당신에게 수치심을 주고자 하는 사람들이 있다면, 그들은 당신의 청중이 아니다. 당신의 그대로의 모습을 들여다볼 자격도 없다. 아티스트의 삶은 청중과의 연결이 있어야 하고, 그러므로 자신의 작품을 인정해주는 청중을 선택해야 한다. 단지 편해서가 아니라 재능을 발휘하고 인정을 얻어야만 최고의 작품에 도전할 수 있기 때문이다.

가까운 친구들과 저녁을 먹을 때 SUV의 세부적인 기술을 논하거나 승진 전략에 대해 떠들어대는 경우는 드물다. 대신 일상적으로 좋아하거나 싫어하는 것들, 편안한 주제들을 가지고 이야기한다. 그때 우리는 방어를 느슨히 하고, 갑옷을 벗고, 자신을 그대로 열어둔다. 있는 그대로의 모습을 보여주고, 상대방을 믿고, 가식 없이 말한다. 이것이 바로 진정한 연결이고 진정한 교류다.

"그럭저럭 좋은 것 말고, 어느 정도 만족스러운 것 말고,
내가 할 수 있는 최선을 다하자. 진심을 다해 모든 걸 나눠주자.
도전하자, 성공할 수도 있으니까."

리뷰에 연연하지 마라

한때 리뷰와 댓글에 집착하느라 일상이 엉망이 된 적이 있다. 그때 나는 부정적인 반응이 널리 퍼져 나갈까 봐 걱정하는 마음에 사로잡혀 있었다.

몇 년 전 나는 1만 2,000명의 청중 앞에서 연설을 했다. 이를 위해 1년 가까이 준비했고, 완전히 새로운 소재와 내게 너무나도 중요하고 소중한 이야기들로 강연을 이어나갔다. 강연은 우렁찬 기립 박수와 함께 성공리에 끝났고, 폭발적인 반향을 불러일으켰다.

강연을 마치고 공항으로 가는 길에 나는 트위터를 살펴보았다. 예상대로 강연에 참석했던 많은 이들이 글을 올려놓았다. 강연이 끝난 지 불과 몇 분 만에 100명이 넘는 사람들이 트위터에 글을 남겨놓았던 것이다. 딱 한 사람만 빼놓고는 모두 긍정적인 반응

들이었다.

집으로 돌아가는 길에 내가 무슨 생각을 했을 것 같은가? 솔직히 얘기하자면, 그걸로 끝이었고 그 이상 그 문제에 매달리지 않았다. 내가 청중의 반응에 그토록 무심할 수 있었던 것은 그전에 혹독한 통과의례를 거쳤기 때문이다.

글쓰기란 지독히 외로운 작업이다. 책이 나오면 저자들은 독자들의 반응을 무척이나 궁금해 한다. 베스트셀러 순위를 확인하고, 〈퍼블리셔스 위클리〉와 아마존의 평점을 살펴본다. 블로그에서 댓글을 읽고, 사람들이 무슨 말을 남겼는지 트위터를 통해 확인한다.

그런데 사실 경제적인 이유로 그렇게 하는 건 아니다. 사람들의 반응과 수입이 직접적인 연관은 없기 때문이다. 그런데도 그렇게 반응을 살피는 이유는 불안해서 참을 수가 없다고 외쳐대는 도마뱀 뇌 때문이다.

〈퍼블리셔스 위클리〉는 도서 주문을 결정하는 서점주들이 반드시 구독하는 잡지라고 알려져 있다. 대단히 인지도가 높고, 아마존 구석구석에 등장한다. 그런데 거기 실린 리뷰들을 읽어보면서 내가 처음 발견한 것은, 그 글들 모두가 익명으로 작성된 것이라는 점이었다. 다음으로 그들 대부분이 나의 가장 유명한 작품을 싫어하고, 그 책의 가치에 대해 적극적으로 의문을 제기하고 있다는 사실을 발견했다. 그렇다면 그들의 평가는 분명 틀린 것이다. 그들의 평가가 그토록 가혹한데 베스트셀러가 된 것만 봐도 알 수 있다. 다시 말해 그들의 평가는 서점주들에게 책 판매량에 대한 실질적인 예상을 보여주지 못했다.

그런 생각을 하는 동안, 나는 내가 도대체 무슨 일을 하고 있는지 깨닫게 되었다. 나는 30개의 글을 읽었는데 그중에서 29개는 긍정적인(때로는 대단히 긍정적인) 내용이었고, 단 하나만이 부정적인 내용이었다. 그 부정적인 글은 나라는 인간과 내가 했던 일들을 가혹하게 비난하고 있었다. 그 후로 며칠 동안 내 머릿속 도마뱀 뇌는 계속해서 부정적인 결과만 떠올리도록 만들었다. 그래서 나는 내 책에 대한 긍정적인 평가를 찾는 데 더 몰두했고, 결국 글을 하나도 쓰지 못했다. 어쩌면 당연하게도, 긍정적인 반응을 더 많이 찾으려 하면 할수록 더 많은 부정적인 반응을 맞닥뜨리게 되는 끔찍한 악순환이 시작된 것이다.

나는 긍정적인 생각을 희생하면서 부정적인 생각을 키워나갔고, 그건 내게 아무런 도움이 되지 못했다. 급기야 글쓰기 작업마저 완전히 중단되고 말았다. 등 뒤에서 비웃는 사람들에 대단히 민감한 도마뱀 뇌는 타인의 비판에 날카롭게 촉각을 곤두세우고 있고, 어떤 수단을 동원해서라도 내가 다시 글을 쓰지 못하도록 막을 태세였다.

하지만 그 적나라한 진실을 깨달은 뒤, 나는 리뷰나 트위터를 뒤지는 일을 당장 그만두었다. 겁이 나서가 아니었다. 계속해서 글을 쓰고, 내가 선택한 청중을 위한 책을 펴내고자 당연히 내려야 했던 결단이었다.

아티스트는 가장 먼저 자신을 선택해야 한다

이성적인 아티스트들의 모토는 이런 것이다. '자신을 믿지 않는 자들을 피하라.' 아티스트는 가장 먼저 자기 자신을 선택하고, 다음으로 청중을 선택해야 한다.

　서비스나 아이디어, 상호작용이나 공연, 모임 등 무엇이든 간에 자신만의 작품을 창조했다면 일단 그것으로 끝났다. 이에 대한 청중의 반응은 아티스트가 할 수 있는 범위를 벗어난 일이다.

　물론 자신의 작품을 인정하지 않는 사람들도 있을 것이다. 그러나 그들에 대한 분노와 유감을 계속 머릿속에 담고 있는 것은 자신의 영혼을 파괴하는 일이다. 이는 자신의 아트를 발전시키는 데 전혀 도움이 되지 않는다. 최선을 다해 만들었다면 그걸로 좋다. 애초에 그 작품은 당신을 비난하는 이들의 것이 아니었다. 더 나쁜 소식은, 당신의 아트를 받아들이지 않는 사람들은 다음번에도 또 당신을 막아설 것이라는 사실이다.

　영화배우 패트릭 맥구한은 TV 드라마 〈프리즈너〉에 출연하면서 자신의 이미지를 제임스 본드처럼 바꾸었다. 그것은 대단한 도전이었다. 완전히 새로운 드라마를 위해 기존의 모습을 모두

버렸던 것이다. 그 결과 아무도 시도하지 못했던 프로그램을 만들어냈다.

하지만 그건 다른 '모든 사람'을 위한 것이 아니라 자기 자신을 위한 일이었다. 그리고 몇몇 소수를 위한 일이었다. 당시 경쟁했던 다른 프로그램들과는 달리 그가 만들어낸 프로그램은 40년 이 흘러서도 여전히 사람들의 입에 오르내리고, 전파를 타고, 시청자들과 함께 호흡하고 있다.

지금 우리가 이야기하고 있는 아트는 대중적인 만족을 추구하는 아트가 아니다. 대중은 원래 낯선 것을 좋아하지 않는다. 그들은 다른 사람들이 좋아하는 것들을 좋아한다. 조앤 롤링의《해리 포터》만 봐도 그렇다. 그 시리즈의 첫 번째 작품이 나왔을 때는 소수의 팬밖에 없었다. 하지만 이후 수억 명의 독자가 그녀의 작품을 이름 없는 저자의 검증되지 않은 소설이 아니라 하나의 대중적인 문화현상으로 받아들이기 시작했다. 분명 책의 내용이 바뀐 것은 아니다. 다만 책의 위상이 높아진 것이다.

이 말은 자신을 평가하는 사람들을 무조건 외면해야 한다는 뜻이 아니다. 연주되지 않은 교향곡은 교향곡이 아니라 종이 위의 악보일 뿐이다. 청중과 만나지 않는 아트는 아트가 아니다. 아티스트의 목표는 자신이 선택한 청중에게 감동을 주는 작품을 만들어내는 일이다.

당신의 작품이 자신이 선택한 청중의 마음을 움직이는 데 실패했다면, 성공과 실패의 차이를 연구하고 거기서 얻은 지혜를 다음번에 적용하면 된다. 이를 위해 도움이 된다면, 청중과 교류하라. 하지만 그러한 통로가 오히려 앞으로의 아트에 방해가 된다면, 차라리 문을 걸어 잠그자.

스스로에 대한 확신이 없는 아티스트일수록 아마존 리뷰와 트위터 반응에 집착한다. 그러나 거기서는 아무것도 배울 수 없다. 결국 자신의 가치를 부정하는 도마뱀 뇌만 활개를 치게 될 것이다. 자신의 아트가 누구를 위한 것인지 파악하고, 그들과 더 많이 교류하자. 그리고 나머지는 잊자.

"아티스트는 절대 따라가지 않는다."

돈이 아니라 의미를 선택한 럭비 스타

벤 코헨은 영국 럭비 역사상 열 번째로 높은 득점을 기록한 선수다. 전성기를 맞이하던 서른 살 무렵에 벤은 거액 연봉의 3년 계약을 제안 받았다. 하지만 거절했다.

대신 벤은 왕따와 동성애에 대한 사회적 인식을 바로잡기 위해 재단을 설립했다. 그리고 거기에 모든 시간을 투자하고, 자신의 개인적인 인기와 능력을 모두 바치기로 마음먹었다.

돈을 벌 수 있는 시기가 극히 제한적인 운동선수가 왜 절호의 기회를 포기했던 걸까? 그는 당시 결혼을 하여 가정을 책임져야 하는 입장이었다. 그리고 동성애자도 아니었다. 그런데 왜 그 문제에 뛰어든 걸까?

아트가 힘들다는 건 이런 것이다. 아트의 목적은 최고의 단기적인 수익을 올리는 게 아니다. 단기적인 목표는 언제나 지름길을 찾게 하고 생산성을 극대화하기 위해 가혹한 노동을 요구한다. 반면 개인의 호주머니가 아니라 자신에게 의미 있는 일에 집중하기 위해서는 오랜 시간과 많은 기회가 필요하다. 그런 점에서 벤은 정말로 힘든 일에 도전한 것이다.

아마도 럭비팀 동료들은 한두 시즌 동안 그의 공백을 아쉬워할 것이다. 그러나 위대한 아트 프로젝트를 이루겠다는 벤의 선택은 진정한 유산으로 남을 것이며, 그가 사라졌을 때 더 많은 이들이 그를 그리워하게 될 것이다.

자신의 청중을 선택한 조이 로스

조이 로스는 자신의 청중을 선택한 인물이다. 그는 목재 컴퍼스와 신기한 세라믹 스테레오 스피커, 자동 수분공급 화분을 직접 만들어 선보였다. 조이는 지금 자신의 웹사이트에서 이러한 제품들을 팔고 있으며, 손님들의 행렬도 끊이지 않고 있다. 별다른 광고도 하지 않았는데 세상 사람들이 기꺼이 그를 찾아오고 있는 것이다.

물론 그의 제품이 전 세계 사람들을 위한 것은 아니다. 세상의 아주 작은 일부를 대상으로 하고 있다. 요즘엔 대부분 티백으로 차를 마시기 때문에 유리 찻주전자에 관심을 갖는 이들은 그리 많지 않다. 그리고 차를 좋아하는 사람들조차 대부분 조이가 추구하는 미학에 별로 관심이 없거나 아예 그의 존재 자체를 모른다.

그래도 조이는 개의치 않는다. 자신을 알아봐주고, 관심을 가져주는 사람들이 그래도 많이 있기 때문이다. 아직도 많은 이들이 자신의 이야기를 퍼뜨려주고 있으며, 선물을 하거나 자기가 쓰기 위해 조이의 놀랄 만한 물건들을 구입하고 있다.

일반적인 수공예품 전시회에 구경을 나온 사람들은 조이와 같은 장인들이 만든 작품에는 별로 관심을 주지 않을 것이다. 뭔가 새롭고 신선한 것이 아니라 익숙한 것들만 눈여겨볼 것이다. 그래도 조이는 스스로를 선택함으로써 그리고 무엇보다도 사람들과 연결을 이룸으로써 관심을 기울여주는 이들에게 자신의 아트를 전하고 있다.

스스로를 선택한 제니 로젠스트라흐

제니 로젠스트라흐는 영화에나 나올 법한 근사한 뉴욕 언론사를 다니고 있었다. 그러나 어느 날 갑자기 직장을 그만둬버렸다. 제니는 작가가 되길 원했다. 그녀는 이미 실력 있는 작가였다. 다만 문제는 아직 책을 출판하지 못했다는 것이다. 작품을 내기 위해서는 독자들이 필요했다.

10년 동안 제니는 남편과 함께 만든 모든 요리를 기록으로 남겼다. 그리고 나중에는 두 자녀까지 합세했다. 스티브 마틴의 경우처럼 제니는 작업을 하는 과정에서 아트를 발견하는 것에 최대한 집중했다. 제니는 이미 자신의 열정을 바칠 대상을 찾은 것이다.

세상에 책을 내놓아야 할 순간이 다가오고 있었다. 그러나 원고를 들고 2년 동안 출판사를 돌아다니는 수고를 하는 대신, 제니가 선택한 것은 블로그였다(이름하여 '저녁식사: 사랑의 이야기'). 물론 그녀에겐 인맥도, 화려한 기술도, 자본도 없었다. 가진 거라고는 자기 자신과 글뿐이었다.

시간이 흐르면서 그녀의 블로그에 사람들이 찾아오기 시작했다. 방문객들은 제니와 함께 그리고 서로서로 관계를 맺었다. 그들은 많은 공통점을 가지고 있었고, 제니는 사람들과 서로의 꿈에 대해 이야기를 나누며 연결을 해나갔다.

그리고 계획했던 대로 2년 만에 한 출판사에서 출판 제의를 받았고, 책이 나오고 사흘 만에 미국 시장의 베스트셀러 요리책으로 떠올랐다. 결국 제니는 스스로를 선택함으로써 자신의 아트를 성장시킨 것이다.

좋아하지 않도록 내버려두라

한때 나에 대한 사람들의 생각을 놓고 일종의 도박 중독에 빠졌었다. 누군가에게 별로라는 말을 들으면, 그 사람과 진지하게 이야기를 나누고 싶었다. 나를 오해하고 있는 것은 아닌지 확인하고, 혹시 그렇다면 그 오해를 풀어주고 싶었다. 하지만 그건 적어도 100만 명의 사람을 만나야 의미가 있는 일이다. 간신히 본전을 찾고 나서도 나는 판돈이 큰 도박판에 또다시 빠져들곤 했다. 그런데 그때 내가 정말로 몰랐던 것은, 그냥 손을 털고 도박판을 빠져나가는 게 최고의 전략이라는 사실이었다. 오래전에 알았으면 좋았을 것을 최근에서야 깨달았다. 사람들이 나를 별로 좋아하지 않도록 그냥 내버려두어야 한다는 사실을.

_존 메이어(가수), 〈롤링스톤〉, 2012

막연하게 대중 전체를 청중으로 삼을 수도 있다. 하지만 그들 모두를 만족시킬 수는 없다. 가령 〈유에스 위클리〉, 〈롤링스톤〉, 〈타임〉, 〈플레이보이〉 같은 잡지들의 모든 독자를 만족시키겠다는 목표를 세울 수도 있을 것이다. 원한다면 인터넷 전체를 아예 당신의 쇼로 도배할 수도 있다. 그러나 그랬다간 당신은 파멸의 길을 걷게 될 것이다. 거대한 청중 집단은 더 길면서 더 짧고, 더 넓으면서 더 좁고, 더 값싸면서 더 비싸고, 더 빠르면서 더 느린 것을 원할 것이다.

앞으로 계속해서 아트를 하고 싶다면, 당신이 하는 말을 받아들이려 하지 않는 사람들은 피해야 한다. 당신의 과제는 자신을 신뢰하지 않는 사람들을 멀리하고, 자신이 선택한 청중에게 집중하는 일이다.

마케터와 기업가에겐 모든 청중이 필요하다. 그러나 아티스트는 아니다. 우리는 오직 소수에게 초점을 맞춰야 한다.

계속해서 청중 규모를 넓히려는 욕심은 위험스러운 중독이다. 결국에는 자신의 아트를 혐오하는 사람들만 만나게 될 것이다. 그것이 특히 나쁜 이유는, 자신을 싫어하는 사람들의 말에 귀를 기울이느라 애초에 자신을 주목했던 이들의 이야기는 흘려듣게 되기 때문이다.

상사가 당신의 보고서를 읽거나 당신의 공연을 보기 위해 관객이 몰려들 때, 걱정을 해봤자 부질없는 짓이다. 아무런 도움이 되지 않는다. 이미 일은 벌어졌기 때문이다.

자신에게 필요한 것만 취하고, 나머지는 버리자. 그리고 자신에게 정말로 소중한 것이 무엇인지 고민하자. 관객의 반응은 우리 것이 아니다. 그들 자신의 것이다. 우리 것은 오로지 작품뿐이다.

자신의 욕망으로 살아가는 사람들

상사나 조직 그리고 공동의 목표를 향해 동료들과 함께하고자 노력하는 것은 좋은 일이다.

문제는 감독관이 중요하다고 말한 것을 무조건 받아들여야 한다는, 산업 시대의 한 가지 유물인 문화적 명령이다. 자신에게 중요한 것을 다른 사람이 결정하도록 내버려둔다면, 그건 소중한 가치를 포기하는 것이다.

감독관은 어디에나 있다. 관리자나 상사가 있고 청중이나 비평가도 있다. 감독관의 말을 따르라는 문화적 명령을 지키기 위해 내면의 나침반을 외면하는 순간, 우리는 다른 누군가에게 자기 삶의 주도권을 내주는 셈이다.

다른 사람들을 쥐고 흔들 수 있는 돈과 지위, 권력이 진정으로 당신의 욕망인가? 아니면 다른 사람들의 욕망인가?

학교는 학생들이 높은 점수를 받고, 복종하고, 교사와 부모님의 기준에 따르도록 가르친다. 그러나 그것들이 우리가 진정으로 바라는 일이 아니라면?

지금은 우리 사회의 경제가 변하고, 울타리가 무너지고, 법칙이 바뀌고 있다. 사회가 바라는 것들을 나도 반드시 원해야 하는 것은 아니라는 사실을 하루라도 일찍 깨달아야 한다. 분명 당신에게는 당신만의 욕망이 있을 것이다.

데이비드 번은 그룹 토킹 헤드를 탈퇴했다. 그는 인기 절정의 록스타, 관객 가득한 공연장을 달구던 뮤지션으로서의 길을 포기했다. 그건 다른 누군가의 꿈이었다. 그는 어느 순간, 더는 그런 꿈을 좇아서 살지 않기로 결정을 내렸다.

그렇다고 아트에 대한 열정까지 끝난 것은 아니었다. 오히려 그 반대다. 그는 '자신만의' 아트를 위한 세계로 들어갔다. 시장이 원하는 쇼가 아니라 자신이 선택한 아트에 집중했다. 자전거를 타고 전국을 여행하면서 책을 쓰고, 애틀랜타의 건축에 대한 에세이집도 펴냈다. 브라질 음악으로 여러 장의 음반을 성공적으로 발표하기도 했다. 비록 큰 인기를 끌지는 못했지만, 그에겐 대단히 만족스러운 작업이었다.

피터 가브리엘은 연이어 히트 음반들을 발표하면서 정상에 올랐던 록스타다. 그러나 언젠가부터 노래를 부르는 일이 그에게 특별한 것이 아니게 되었다. 인간적인 것들을 나눌 수 있는 통로가 되어주지 못한 것이다. 그래서 그만두었다. 그런 후 국제사면위원회와 함께 활동을 시작했고, 이후 혁신적인 인권 단체인 위트니스WITNESS를 설립했다.

번과 가브리엘의 목표는 음반회사의 배를 불려주거나, 한 번도 직접 만나지 못한 팬들을 기쁘게 하는 것이 아니었다. 그들은 열정의 무대를 넓혀가면서, 예전에는 생각지 못했던 일들에 계속해서 도전하길 원했다.

지금은 이들처럼 자신의 선택에 맞춰 어떤 것이든 할 수 있는 기회의 시대다. 포스트 산업사회 특유의 침투성, 비슷한 목표를 가진 사람들에게 다가갈 수 있게 해주는 다양한 도구가 우리 가까운 곳에 있다. 스스로 방향을 정하고, 저마다의 가치를 극대화할 수 있다.

도마뱀 뇌의 호들갑

도마뱀 뇌는 재빠르게 경고 신호를 보내 우리를 위험으로부터 보호한다. 우리가 생존의 위기에 직면한 상황이라면 무척 도움이 될 것이다. 그러나 오랜 진화를 거친 지금, 우리 인류는 더는 예전처럼 위험한 상황에서 살지 않는다.

그런데도 여전히 경고등이 자주 번쩍인다. 아미그달라는 그대로 남아 있으며, 밤길에 불량배를 만나거나 클럽에서 이성을 찾는 등의 특별한 상황에서 고개를 쳐든다. 한 가지 안타까운 소식은, 가치 있는 작품을 창조하려는 순간에도 아미그달라가 활동한다는 사실이다.

통찰력이 돋보이는 저자 스티브 프레스필드는 아미그달라의 이러한 기능에 '저항'이라는 이름을 붙이고, 그의 주요 저서 《최고의 나를 꺼내라! The War of Art》에서 자세히 다뤘다.

그가 말하는 저항이란 창조적인 활동을 하려고 할 때마다 머릿속에서 모습을 드러내면서 방해를 일삼는 혼란스럽고 분노에 찬

소음이다. 또한 앞서 언급했던 작가의 벽, 망설이는 버릇 그리고 더 적게 일하고, 사소한 것에만 신경 쓰고, 복종하고, 평범하게 살아가려는 은밀한 본능이다.

'즐겁고, 쉽고, 안전한', 이 세 마디는 좋은 일자리의 특성처럼 들린다. 이카루스의 속임수를 널리 퍼뜨리면서, '좋은' 일자리를 잡으라고 사람들을 설득하는 산업가들은 이 세 가지 모두를 제시한다.

반면 아트는 그중 하나도 제대로 보여주지 않는다. 즐거운 순간이 있기는 하지만 아티스트는 자주 저항에 직면하며, 이는 삶에서 가장 중요한 순간이기도 하다.

더욱이 진정한 창조는 절대 쉽지 않다. 아마 세상에서 제일 힘든 일일 터이고, 그래서 귀한 일이다. 힘들고 중요한 지점에 도달했을 때, 한발 물러서면서 포기하는 게 더 쉽고 편안할 것이다.

저항의 목소리는 100만 년이나 이어져왔다. 그 목소리는 아트가 우리를 위태롭게 하고, 비난을 불러일으키며, 오직 소수만을 위한 위험천만한 것이라 말한다.

오랜 옛날에 사회적인 비난은 심각한 위험이었다. 당시에도 아웃라이어들은 사람들의 주목을 받기는 했지만, 대부분 부정적인 차원에서였다.

이제 우리가 알고 있는 것처럼, 아트는 성공을 향한 최고의 또는 유일한 선택이다. 하지만 아트에는 항상 본능적인 저항이 따

하늘을 나는 사람
자료: 이브 클랭

른다. 즉, 아트와 저항은 언제나 같이 다닌다.

그렇다면 우리는 저항을 부정적인 신호로 해석할 필요가 없다. 오히려 환영해야 한다. 저항이 일어난다는 건 발목을 다치거나 질병에 걸리는 것과는 다르다. 저항은 아트의 그림자이며, 아트가 없으면 저항도 없다.

프랑스 화가 이브 클랭은 파리의 거리를 배경으로 하는 한 장의 가공된 사진으로 아방가르드 아트 세계에 큰 충격을 안겨주었다(왼쪽 그림). 사실 나는 이 사진을 천 번은 넘게 보았고, 표지 사진으로 쓰려고도 했었다. 클랭은 어디를 바라보고 있는 걸까?

그는 자신이 원하는 뭔가를 발견할 수 있기를 갈망하면서 그 공간에 편안히 머물러 있다. 클랭은 이카루스의 속임수에 넘어가지 않았다. 그는 지금 어딘가를 향하고 있다. 그리고 그곳에 도달하기 위해 하늘로 날아올랐다.

저항을 느낀다는 건 좋은 일이다. 중요한 일을 시작하는 단계에 이르렀음을 알리는 신호이기 때문이다. 그렇다면 남겨진 질문은 이것이다.

저항에 어떻게 대처해야 할까?

저항과 싸우는 건 무모한 일

저항에 저항하겠다고?

제발 그러지 말길. 저항과 전쟁을 벌이는 것은 무모한 짓이다. 결코 이길 수 없기 때문이다. 이길 수 없는 싸움을 시작하는 건 어리석은 짓이다.

식은땀을 흘리고, 호흡이 가빠지고, 핑계를 대고, 망설이고, 불안과 공포를 느끼는 것이 아트의 일부라는 사실을 깨달았을 때 나는 비로소 편안한 마음으로 아트에 집중할 수 있었다. 저항은 이제 진압해야 할 불길이 아니다. 싸워야 할 대상이 아니라 협력해야 할 대상이었다.

저항이 고개를 쳐들 때, 나는 일종의 승리감을 느낀다. 저항을 억누르기 위한 싸움이 아니라 창조를 위한 싸움에서 느끼는 승리감 말이다.

아트에 도전하는 순간, 도마뱀 뇌가 만들어내는 회의감은 아미그달라가 활성화되면서 자연스럽게 나타나는 감정이다. 그러나 그 사실을 전두엽이 이해하지 못한다면, 당신은 아마도 스스로를 위험으로 내모는 힘든 도전을 외면하려 할 것이다. 저항이 느껴진다는 것은 당신이 올바른 길을 가고 있다는 뜻이다.

'저항은 외면해야 할 것이 아니라, 추구해야 할 대상이다.'

이 말은 이 책에서 대단히 중요한 문구다. 아티스트는 저항을 추구하고, 이를 극대화해야 한다.

하지만 조직의 구성원이나 날품팔이 일꾼 그리고 학교의 모범생들은 저항을 떨치기 위해 안간힘을 쓴다. 저항은 우리의 선택에 달렸다. 그리고 그 선택의 기회는 지금 뿐이다. 다음은 없다.

더 좋은 것을 만들기로 결심했다면, 지금의 백지상태를 깜짝 놀랄 만한 것으로 바꿀 용기가 있다면, 지금이 바로 아티스트의 삶을 시작할 순간이다. 거기서 울부짖는 도마뱀 뇌는 아티스트의 영원한 반려자다. 이는 거꾸로, 어느 순간 도마뱀 뇌의 목소리가 들리지 않는다면 새로운 일에 도전해야 할 때라는 의미다.

"저항은 나아가려는 의지를 붙든다."

'예스'라 말하면서 앞으로 나서라

내 동료 스티브 데니스는 포천 500대 기업 중 두 곳에서 혁신과 전략 관련 업무를 맡고 있다. 그는 이렇게 썼다.

문제를 개선하는 과정에서 지원이 필요한 때가 있다. 그럴 때면 CEO나 이사회를 찾아가는데 종종 이런 답변을 듣는다. "노." 때로는 그런 답변이 타당해 보인다. 하지만 거부의 이유를 분명히 이해할 수 없는 경우도 많다. 이런 때 그들의 부연 설명은 이런 식이다. "시기가 좋지 않군요." "아이디어는 좋습니다만."

높은 자리에 앉아 있다고 해서 두려움을 극복할 수 있는 용기가 저절로 생기는 건 아니다. 솔직히 말해서 새로운 모험에는 '노'라고 대답하는 편이 훨씬 마음 편할 것이다. 적어도 실패하거나 망신당할 위험을 감수하는 것보다는 나을 테니까.

하지만 리더는 위험을 회피하려들거나 도마뱀 뇌에게 주도권을 내줘서는 안 된다. '노'라고 말하고 싶더라도, '예스'라고 말하면 어떤 일이 벌어질지를 먼저 생각해봐야 한다. 그리고 이에 대해 구성원들과 충분히 이야기를 나누어야 한다. 그 과정에서 걱정과 의혹이 사라지면 '예스'라고 말할 수 있게 되고, 일을 이룰 수 있다.

예스라고 말하기 위해서는 용기가 필요하다. 확신을 가지고 '예스'라고 하기 위해서는 조직 구성원들의 지지가 필요하다. 우리가 할 일은 용기를 숨기는 게 아니라 더욱 적극적으로 끄집어내는 것이다.

등 뒤로 숨으려고만 하는 사람들

사람들은 대부분 스스로를 리더라고 인정하지 않는다. 어떤 프로젝트나 블로그, 하다못해 가족 여행에서조차 적극적으로 책임을 떠안으려 하지 않는다. 굳이 나서지 않아도 될 때 총대를 메려는 사람은 거의 없다. 그게 편하기 때문이다. 자신들은 오로지 수정하고, 대답하고, 비판하는 데 익숙하다고 생각한다.

그런 까닭에 오타를 지적하는 사람들은 주변에 널렸지만 "자,

시작합시다!"라고 외치는 사람은 대단히 드물다.

나는 오늘날 아티스트들이 부족한 이유가 창조하고 주도하는 타고난 능력의 부족 때문이라고는 보지 않는다. 그것보다는 스스로 창조하고 이끌 수 있다는 믿음의 부족이 문제라고 생각한다. 가능성의 문은 훨씬 전부터 열려 있었지만, 대부분 사람은 자신의 역할이 새로운 세상을 설계하는 일이 아니라 고치고 다듬는 것에 불과하다는 고정관념에 매여 있다.

자신이 굳이 아트를 할 필요가 없다고 생각해서일까, 아니면 아트를 하기가 두려운 걸까?

지역 공동체의 리더 휴 웨버

휴 웨버는 거대한 아이디어와 주요한 아트 프로젝트 그리고 모든 변화가 반드시 대도시에서만 일어나라는 법은 없다고 생각했다. 휴는 사우스다코타에 기반을 둔 창조적인 사람들의 모임인 OTA를 설립한 인물로, 이를 기반으로 그는 지역 전체에 창조성과 가능성을 자극하는 촉진제와 같은 역할을 하고 있다.

모임을 시작할 때만 하더라도 휴는 조직을 혼자 이끌어가야 한다고 생각했다. 하지만 나중에 그는 이렇게 말했다.

"저만 있는 것도 아니고, 게다가 혼자서는 도저히 이끌어나갈 수 없다는 사 실을 깨닫게 되었죠. 후원하고, 참여하고, 변화를 주도하기 위해 앞서나가는 사람들을 보면서 겸손한 마음을 갖게 되었고, 예전과는 다른 시선으로 우리 지역을 바라보게 되었습니다."

휴는 사업을 계획하고 아이디어를 내놓는 게 전부가 아니라는 사실을 깨달았다. 정말 힘든 일은 그다음부터였다. 비전을 공유하고, 농장을 확장해나갈 수 있다는 자신감을 심어주고, 그 과정에서 다양한 창조 공동체들을 만들어내는 것이 리더로서 그의 할 일이었다.

"가장 중요한 것은 가능성을 바라보는 시선이라고 생각합니다. 우리 지역의 문제 해결 능력은 대단히 뛰어납니다. 홍수나 눈보라, 화재가 발생했을 때 모든 주민이 함께 일하고 함께 극복합니다. 또 더욱 중요하고, 획기적이고, 새로운 가능성에 도전해야 하는 경우에도 모두가 공동체를 기반으로 움직여야만 해낼 수 있고 믿고 있습니다."

연결경제로 진입하면서 점점 더 많은 이들이 변화에 앞장서고 있다. 뉴요커들이 좀처럼 거들떠보지 않는 한적한 교외 마을에도 많은 이들이 자신의 능력으로 지역사회에 기여할 기회를 기다리고 있다.

공동체를 조직하는 리더의 역할은 간단하다. 정답을 발견하는 것이 아니라 적절한 청중과 공동체 내부의 적절한 계층을 발견하는 일이다. 그러면 그들은 서로 관계를 형성하면서 아웃라이어들에게 힘을 실어주고, 변화를 이루기 위해 최선을 다할 것이다.

기꺼이 불순물이 되라

시금치에 모래가 섞여 있으면 먹기 힘들다. 더 나쁜 것은 조립라인 속에 모래가 들어갔을 때다. 정교한 기계를 망가뜨리거나, 제품에 섞여 들어가거나, 번쩍이는 광택을 망쳐놓기도 한다.

군대 역시 불순물, 즉 명령에 복종하지 않는 군인들을 걸러내기 위해 수십억 달러를 쓴다. 기본 군사훈련의 각 단계는 집단의 일관성을 해칠 수 있는 부적응자들을 가려내는 것이 목표다. 군대가 바라는 건 한 사람의 용감한 군인이 아니라, 하나의 용감한 부대다.

산업 시스템 역시 불순물, 즉 일을 망치고, 결과를 예측하지 못하게 하고, 측정할 수 없게 하는 요소를 싫어한다. 그래서 완벽한 디지털 시스템과 검증된 생산라인으로 이러한 불순물을 제거한다.

하지만 불순물이야말로 지금 시대에 가장 필요한 것이다. 모든 것이 말끔하고 획일적이고 예측 가능하다면, 그것을 인간의 삶이라 할 수 있을까? 그런 사회에서는 절대 변화가 일어나지 않을 것이다. 어제의 지배자는 오늘도, 내일도, 아주 먼 후일에도 지배자로서 떵떵거릴 것이다. 그들의 눈치를 보며 매일을 불안 속에 살아가는 이들도 그런 상태에서 벗어나지 못하고 일생을 마쳐야 할 것이다.

그러므로 기꺼이 불순물이 되고자 하는 배짱이야말로 우리 사회의 미래다.

여기서 배짱이란 갑작스러운 충돌이며 확고한 결심, 비전을 향한 고집 그리고 창조의 정신을 말한다. 배짱이 두둑한 사람들은 산업주의자들이 근시안적으로 타협안을 제시할 때 단호히 거부할 뿐 아니라 다른 사람들의 반대를 이겨내고, 비판에 직면해서도 꿋꿋함을 잃지 않고, 자신의 아트를 끝까지 추구한다.

그리고 무엇보다, 복종을 강요하는 기존 시스템을 무너뜨린다.

배짱 두둑한 사람들

우리는 자신의 진짜 모습을 드러내고, 의견을 개진하고, 자신이 할 수 있는 일에 도전하기를 주저한다. 자신에게 그럴 만한 능력이 있는지 확신이 없기 때문이다.

그러나 어떤 이들은 그런 힘을 발견한다.

종신 재직권을 얻은 교수 대부분은 대학위원회 회장이나 기자들, 학생들의 평가를 두려워한다. 하지만 그중에는 당당히 자신을 드러내고 주장을 내놓고 영향력을 행사하는 교수들도 있다.

생산직 근로자 대부분은 현장 감독과 간부들을 두려워한다. 하지만 작업의 비효율성과 안전 문제를 지적하고, 아무도 생각지 못한 획기적인 아이디어를 적극적으로 내놓는 근로자들도 있다.

아티스트들은 대개 비평가들, 즉 키보드라는 무기로 서슴없이 독설을 내뿜는 전문가들을 두려워한다. 하지만 그중에는 대수롭지 않은 독설은 그냥 넘겨버리고, 새로운 문화를 일궈나가는 데만 고집스럽게 전념하는 사람들도 있다.

각 분야의 소수가 그러하듯 자신이 가진 강력한 저항의 힘을 인식하고, 그 힘을 통해 새로운 것을 창조하고자 하는 태도가 바로 배짱이다.

산업 시대, 즉 대량 생산된 제품과 서비스를 기반으로 움직이면서 생산의 효율성이 아트를 압도하는 시대는 통제에 보상을 하고, 외적인 동기부여를 하고, 복종을 강요하는 무기로 승인을 활용한다. 하지만 아티스트는 통제, 외적 동기부여, 승인이라는 이 세 가지 요인을 떨쳐버려야 한다.

통제 | 여기서 통제란 근로자들이 지시대로 움직이고, 기계의 일부가 되고, 신뢰할 만한 부품이 되게 하는 것을 말한다. 공장이야말로 외적 통제 그 자체다. 통제는 배짱을 싫어한다. 원활한 협동에 방해가 되기 때문이다.

외적 동기부여 | 외적인 요소에서 동기를 얻고 있다면, 당신은 지금 책임과 권한을 다른 사람에게 떠넘기고 있는 것이다. 이런 상황

이라면 당신에 대한 평가는 당신에게 달려 있지 않고, 상사가 얼마나 효과적으로 동기를 부여했는지에 좌우될 것이다.

승인 | 군중은 언제나 그르다. 군중은 음식과 오락, 검투사, 코미디 프로그램을 원할 뿐이다. 당신은 군중보다 무엇이든 더 잘할 수 있다. 그러니 군중의 승인을 바라며 눈치를 볼 것이 아니라 자기 자신에게 승인을 구하자.

배짱을 이루는 몇 가지 요소

심리학자 앤절라 더크워스를 포함한 많은 저자가 배짱이라고 하는 특성을 이루는 요인들에 대해 설명했다. 그들이 언급한 중요한 요소들을 소개한다.

인내 | 많은 이들이 인내를 배짱과 혼동한다. 배짱이라는 말 속에 인내가 포함되어 있으며, 배짱이 더 상위의 개념이다. 거기에는 목표와 목표를 이루기 위한 열정이 들어 있다. 어떤 이들은 지시에 따르기 위해 억지로 참는다. 그러나 배짱 있는 사람들은 자신의 결정에 따라 인내한다. 지금의 자신에 만족한다면 인내는 필요 없을 것이다.

강인함 | 기나긴 항해를 이겨내는 선원, 불면의 밤과 말로 형언할 수 없는 고난을 꿋꿋이 버텨내는 군인, 마감일을 지키기 위해 레드불을 들이켜는 프로그래머. 이들 모두 강인함을 갖춘 사람들이다. 그런데 이들은 그러한 경험에서 무엇을 얻을까?

배짱이 두둑한 사람, 즉 변화의 의지가 확고한 사람들의 강인함은 다른 이들과 비슷하기는 하지만, 모든 경험을 다음에 더 큰 힘을 발휘할 수 있는 자산으로 바꾸어나간다는 점에서 다르다. 사람들은 힘들고 따분한 일을 원래 업무와는 상관없는 허드렛일쯤으로 치부한다. 반면 배짱 있는 사람들은 그러한 일도 전체 업무의 한 부분이며, 덕분에 업무 전체가 더 흥미롭고 도전적이고 가치 있다는 사실을 이해한다. 힘들고 따분한 일이 없다면, 배짱도 필요 없다.

탄력성 | 역경을 이겨내고, 이를 계속 반복하는 역동적인 과정에는 인내와 강인함이 모두 필요하다. 문제가 계속해서 일어날 때 일련의 과정으로 문제를 해결해나가는 접근방식은 모든 고난을 처리해야 할 일시적인 사건이 아니라 배움의 과정으로 바꾸어놓는다. 이것이 바로 탄력성이다.

탄력성에는 유연함, 즉 상황을 바꾸려는 의지가 필요하다. 단번에 끝장을 내려는 다급함이 아니라 일상적인 차원에서 꾸준하게 실천하는 것이 중요하다. 태도의 변화는 일과 일하는 사람을 변화시킨다.

야망 | 신뢰를 얻는 것을 목표로 이를 위해 최선을 다하는 사람들을 제외하고 성취와 권력, 우월함에 대한 욕구는 배짱과 무관하다. 얼핏 보기에 배짱과 성공 사이에는 인과관계가 있는 것으로 여겨진다. 하지만 상호관계만 있을 뿐, 필연적인 인과관계는 없다. 객관적인 성공으로 이어지든 아니든 간에 배짱은 그 자체로 보상이다.

전념 | 50년 전 사회과학자 데이비드 맥클러랜드는 일반적인 '성취 욕구'와 우리가 말하는 '배짱 있는' 태도를 구분해서 설명했다. 배짱이 두둑한 사람들은 장기적이면서도 어려운 목표를 세우고, 반응에 상관없이 목표에 전념한다.

오늘날 우리는 경제와 문화에서 이전 어느 때보다 다양한 반응들을 얻을 수 있다. 연간보고서는 이제 의미가 없다. 이메일, 뉴스피드 또는 게시판을 통해 날마다 새로운 반응을 확인할 수 있기 때문이다. 하지만 즉각적인 반응을 얻기 위해 장기적인 열정을 희생한다면, 단기적인 성취는 가능하겠지만 배짱을 지키기는 힘들 것이다.

몰입 | 열정에 사로잡힐 때, 아무런 이유 없이 집중할 때, 좋아하는

것을 파고들 때, 우리는 몰입을 경험하게 된다.

   베스트셀러 작가 마이클 루이스는 프린스턴 졸업반 시절에 지금은 기억 너머로 사라져버린 주제를 가지고 논문을 쓰다가 평생의 일, 즉 대중적인 글쓰기를 발견했다. 사실 무엇에 빠지는가는 별로 중요하지 않다. 중요한 것은 그것에 몰입하는 것이다. 루이스는 글을 쓰는 동안 부정적인 생각과 의심이 줄어들고, 잡음이 사라지고, 시간이 천천히 흐르는 것을 느꼈다. 그리고 그 속에서 두려움을 떨쳐버리고, 아무런 방해도 받지 않은 채 진정으로 존재할 수 있었다. 무언가에 몰입해 있다는 사실보다 더 중요한 것은 없다.

완벽함의 허상

자전거 가게의 최고 기술자는 바퀴가 완벽하게 굴러가도록 만들기 위해 많은 시간을 투자한다. 바퀴들이 모두 잘 돌아가야 자전거는 흔들림이 없다. 즉, 효율성이 높다. 조금의 어긋남도 없어야 마찰이나 낭비 없이 부드럽게 돌아간다.

   산업경제 역시 우리에게 이러한 완벽함을 요구했다. 우리 부모 세대에게 그리고 조부모 세대에게도 그랬다. 산업경제는 말 잘 듣는 근로자들을 원했다. 저마다 다른 방식으로 일을 하다가는 시스템 자체가 무너질 수 있기 때문이다. 그러나 이제 더는 그런 걱정을 할 필요가 없다. 배짱과 놀라움과 탁월함이 모두 사라져버린, 대체품들로 가득한 세상이 되었으니까.

당신은 이런 세상이 마음에 드는가? 모나고 거친 부분을 매끄럽게 다듬어버리고, 누구도 개성을 드러내지 않으며, 열정을 쏟지 않고, 자신의 목소리를 내지 않는 이 세상이 말이다. 똑같은 날을 하염없이 보내느라 인생을 허비할 거라면 차라리 잠이나 자는 게 낫지 않을까?

연결경제는 우리에게 배짱을 가질 것을, 산업사회가 요구하는 완벽함에서 벗어날 것을, 불완전한 아트에 도전할 것을 요구한다. 완벽함은 지루하고 아무런 특징이 없다는 뜻이며, 결함이 없다는 말은 아무런 흥밋거리도 없다는 말과 같다.

우리에게 필요한 것은 더 많은 물건이 아니다. 인간적인 측면이 더욱 풍부해지는 것이다.

보통 스시바에서는 전기밥솥으로 밥을 한다. 안전하고, 확실하고, 저렴하고, 쉽기 때문이다. 이렇게 해도 정말 맛있는 밥을 지을 수 있다.

그러나 가격이 두세 배 더 비싼 고급 스시바에서는 전기밥솥을 쓰지 않는다. 대신 가스불과 타이머로 밥을 짓는다.

중요한 차이점은 가스불로 짓는 밥은 항상 똑같지 않고, 정확하게 예측할 수 없다는 것이다. 가스불로 맛있는 밥을 짓기는 훨씬 더 힘들다. 더 많은 시간과 관심 그리고 기술이 필요하다.

그러나 '훌륭한' 밥은 늘 똑같은 전기밥솥으로는 안 되고 가스불을 써야 만들 수 있다. 위험을 무릅쓰지 않고서는 소중한 가치를 만들어낼 수 없다.

우리는 저마다의 방식으로 특별하다

말할 것도 없이, 당신은 특별한 존재다. 이전에 누구도 하지 못했던 일을 할 수 있고, 아무도 보지 못했던 것을 발견할 수 있다. 그러니 어떻게 특별한 존재가 아닐 수 있는가?

냉소적인 사람들은 모든 사람이 특별하다면 그건 곧 아무도 특별하지 않다는 말이라고 지적한다.

그러나 그렇지 않다. '특별한'이라는 꼬리표는 당신이 어떤 존재인지 또는 아닌지에 대한 것이 아니다. 당신이라는 존재 자체가 아니라, 당신이 하고 있는 일에 해당하는 것이다. 그렇기에 특별한 일에 도전하겠다고 결심하는 순간, 우리는 저마다의 방식으로 특별한 존재가 되는 것이다.

신화적 존재인 스티브 잡스는 그만의 독특한 취향으로 더 유명하다. 잡스에게는 특성을 파악하고, 해답을 발견하고, 그 해답을 발견하기 위해 문제를 끈질기게 물고 늘어지는 능력이 있었다고 한다.

하지만 이는 전혀 근거가 없는 이야기다. 애플 CEO 팀 쿡은 최근 이렇게 밝혔다. "너무나 변덕이 심해서 어제 그 사람이라는 사실을 잊어버릴 정도였습니다."

스티브 잡스의 마술은 정답에 있지 않았다. 확신에 있었다.

시급한 질문 하나

지금 당장 던져야 할 질문이 하나 있다.

"배짱이 두둑한 사람을 찾고, 조직의 인재들(사람들을 깜짝 놀라게 하는 그런 인재)을 격려하기에 너무 늦은 게 아닐까?"

당신의 두뇌 한쪽에서는 존경을 추구하고, 성취를 가치 있게 여기며, 지금까지 자신이 해왔던 것보다 더욱 놀라운 일을 할 수 있다는 사실을 알고 있다.

그러나 두뇌의 다른 한쪽에서는 두려움을 느낀다. 아미그달라는 두려움을 느끼는 기능을 최적화하기 위해 수백만 년 동안 진화해왔다. 이제 권력을 쥔 산업주의자들이 그 기능을 공짜로 이용해 먹고 있다. 우리는 학교에서는 물론이고 사회에 나오자마자 산업주의자들의 선전에 계속해서 세뇌를 당했다. 또한 일상적으로 대중매체를 통해 복종이 안전하고, 바람직하고, 꼭 필요한 것이라 믿도록 최면을 당했다.

두뇌의 두 부분이 이토록 크게 충돌해도 괜찮을까?

물론 괜찮을 리 없다. 둘 사이에서 새로운 균형을 이루어야 한다. 균형을 잡는 문제에서 나는 당신에게 오랫동안 틀에 박힌 습관에서 탈피하는 게 먼저라고 말해주고 싶다. 그동안 시도하고자 하는 생각이 스쳤으나 머뭇거렸던 일들이 있다면, 그렇게 머뭇거리게 했던 오랜 두려움과 불안을 꼼꼼히 살펴볼 것을 권한다. 그러면 일이 훨씬 쉽게 풀릴 것이다.

오늘날의 문화와 연결경제 덕분에 우리는 예전보다 더욱 수월하게 신의 길을 갈 수 있게 되었다. 물론 그래도 아주 힘든 일임엔 변함이 없다. 하지만 그 길은 절벽이나 협곡이 아니라 조금씩 높아지는 계단이다. 그 계단을 따라 지금의 상황에서 마땅히 가야 할 곳으로 오를 수 있다. 우리는 이제 그 길로 나서야 한다.

PART 5
아티스트가 되라

위대한 작품을 창조하라

당신이 무엇 때문에 괴로워하든, 영국 작가 닐 게이먼은 아마도 이런 처방을 내릴 것이다. "위대한 작품을 창조하라."

일자리를 찾을 수 없다면, 상사가 무시한다면, 세상이 받아들이지 않는다면, 위대한 작품을 창조하자.

그래도 안 되면, 더 위대한 작품을 창조하자.

더 위대한 작품을 창조하는 방법을 모르겠거든, 배우자.

주변 사람들이 자신의 아트를 방해한다면, 그냥 무시하고 넘어가자.

상사가 아트를 방해한다면, 다른 방식으로 시도하자. 그래도 가로막는다면, 스스로 책임을 지고 또 다른 방식으로 도전하자. 자신의 아트가 성공을 거두거나 아니면 해고를 당할 때까지 끊임없이 도전하자. 둘 중 어떤 일이 먼저 일어나든지 간에 말이다.

그리고 계속해서 더 많은 작품을 창조하자.

물론 시작은 무척 조심스러우리라. 세상에 대한 깊은 통찰력을 담아내기도 어려울 것이다. 도마뱀 뇌가 스스로를 보호하기 위해 시야를 흐리게 하기 때문이다.

그렇지만 매일 그리고 매 프로젝트에서 더 훌륭한 작품을 창조하기 위해 노력해야 한다. 작은 것부터 시작하자. 그다음엔 중간 단계에 도전하자. 그러고 나서는 세상을 바꿀 만큼 무시무시한, 온 세상 사람을 깜짝 놀라게 할 아트에 도전하자.

아티스트의 세 가지 기반

작가 제임스 엘킨스는 아티스트를 꿈꾸는 사람들을 위한 세 가지 기반에 대해 언급했다. 바로 보기, 만들기, 백지상태다.

첫째, 보는 법을 배워야 한다. 어떠한 이름이나 선입견 없이 세상을 있는 그대로 바라볼 수 있어야 한다.

둘째, 만드는 방법을 배워야 한다. 자신이 본 것을 세상에 드러내기 위해 손과 목소리, 몸을 다룰 줄 알아야 한다.

그리고 가장 어려운 셋째, 아티스트는 백지상태에서 출발해야 한다. 아트는 따라 하는 것이 아니라 최초로 시도하는 것이며, 첫 번째 도전이자 맨 처음 하는 이야기여야 한다. 우리가 아트를 두려워하는 근본적인 이유이기도 하다. 어떤 작품이 다른 누군가의 것이 아니라 바로 우리가 만든 것일 때, 어떻게 걱정이 안 되겠는가?

영화배우 스티브 마틴은 세 가지를 모두 받아들였다. 수십 년의 세월 동안 마틴은 디즈니랜드 마법카운터 뒤에서, 노츠베리팜 무대 위에서 그리고 클럽들을 돌아다니면서 관객들이 서로서로, 무대와 더불어 그리고 그 자신과 교감하는 모습들을 '지켜보았다'. 그는 또한 '만들었다'. 끈질기게 매일 공연을 이어나갔다. 실험하고, 확인하고, 되풀이했다. 하룻밤 세 번의 쇼는 일상적인 일이었고, 해마다 수백 회에 이르는 쇼를 계속했다.

그중에서도 특히 마틴은 '백지상태'의 자세를 잃어버리지 않았다. 그는 웬만해서는 남의 것을 베끼지 않았다. 다른 선배들에게 빌려온 소재들은 모두 기억했고, 그의 자서전에서 이를 소개했다. 물론 언제나 먼저 그들의 허락을 구했다. 그 밖에 모든 연기와 작품은 마틴 자신의 것이었다. 그의 연기는 늘 대단히 과감하고 혁신적이었다.

> "생각하지 말라! 생각은 창조의 적이다.
> 생각은 자기의식적이며, 자기의식적인 것은 모두 흥미가 없다.
> 생각을 하려고 들지 말자. 그저 움직이자."
>
> _레이 브래드버리(작가)

첫째, 보는 법을 배워야 한다

선입견과 두려움은 세상을 있는 그대로 바라보지 못하게 한다. 우리 자신의 관점에서 해석하는 것이 아니라 그 모습 그대로를 받아들이는 것을 일컬어 불교에서는 '반야般若'라고 부른다. 노스스타 매니페스토의 창립자 듀크 스텀프는 "자신의 영리함을 침묵하게 하라"고 말했다. 이러한 접근방식은 자신의 세계관에 맞춰 세상을 해석하는 것과는 완전히 다르다. 자신의 편견에 따라 왜곡하지 않고, 현상 그대로를 받아들이는 것이다.

벤처 자본가 프레드 윌슨은 정확하게 바라보는 능력으로 성공을 거둔 사람이다. 윌슨은 일찍이 딜리셔스와 트위터를 포함한 여러 기업의 상업적 잠재력을 알아보았다. 음악 프로듀서 클라이브 데이비스는 휘트니 휴스턴, 디온 워윅, 아레사 프랭클린을 비롯하여 많은 스타를 발굴하고 이들을 널리 알린 천재다. 그는 음반을 제작하거나 판매하는 일에 매달리지 않았다. 대신 주변에 있는 음악가들의 잠재력을 보고, 듣는 데 집중했다.

무엇을 꿈꾸든 간에 시장과 기술, 재능을 있는 그대로 바라보는 능력은 성공한 개척자들의 비밀무기다.

앨런 웨버와 빌 테일러는 〈하버드 비즈니스 리뷰〉의 뛰어난 편집자들이면서, 역대 출판 시장에서 가장 무게감 있고 수익성 높은 잡지 중 하나로 손꼽히는 〈패스트 컴퍼니〉의 신화를 일군 주인공들이다. 두 사람에겐 비즈니스 혁명을 들여다보는 뛰어난 안목이 있었다.

바라보기 다음에는 실행이 따라야 한다. 그것도 올바른 실행으로 이어져야 한다. 당신이 본 것을 가지고 예측을 해보자. 이를 글로도 써보자. 가령 이런 식으로 해보는 거다.

'사람들과 쉽게 사진을 공유할 수 있도록 해주는 앱이 나올 것이다.'

'옐프는 기업공개로 큰 성공을 거둘 것이다.'

'그 신입 직원은 두 달 만에 매출 목표를 넘어설 것이다.'

〈패스트 컴퍼니〉의 두 번째 판이 나왔을 때, 이미 몇몇 사람은 그 경제적 가능성과 미래를 확신했다. 앨런과 빌은 바로 그 가능성을 최초로 발견하고 실현한 사람들이다.

예측이 틀렸을 때, 사람들은 자신의 세계관이 아니라 세상에 책임을 떠넘기려 한다. 세상을 바라보는 관점을 바꾸거나 기존의 전제에 의문을 제기하려고 하지 않는다. 대신 운명을 탓하고, 예외로 치부해버린다. 하지만 판단착오의 경험을 통해서 우리는 자신의 안목에 대해 고민하고 더 다듬어나갈 수 있다. 그럼으로써 시장의 근본적인 수요, 성공과 실패를 결정하는 요소를 이해하게 된다.

✳ ✳ ✳

서점에 들를 때마다 눈여겨보게 되는 게 있다. 책의 두께나 가격, 사용된 서체, 종이 재질 같은 것들이다. 그리고 판매 직원들이 어디에 서 있고, 얼마나 똑똑한지도 살핀다. 사지는 않으면서 서점에 자리 잡고 앉아 책을 읽고 있는 이들도 살펴본다. 무슨 책을 읽고 있을까? 또한 어떤 책을 살까에 대해 이야기하는 사람들의 대화도 들어본다.

　소비심리학자 파코 언더힐은 인식의 기술을 아트로 승화시킨 인물이다. 그의 회사인 인바이로셀은 감시 카메라를 통해 수만 시간 동안 매장의 상황을 지켜보면서 사람들의 구매 방식을 분석한다. 가령 여성 소비자들은 쇼핑을 하는 동안 다른 사람들과 몸이 닿는 것을 끔찍이 싫어한다. 그래서 파코는 기업에 매장 복도를 넓혀서 사람들이 편하게 지나다닐 수 있도록 하라고 조언했다(물론 그러자면 매대 공간을 줄여야 한다). 그 결과는 어땠을까? 진열 제품의 수는 줄었지만, 매출은 오히려 증가한 것으로 나타났다.

　우디 거스리는 20세기 포크뮤직 분야에서 중요한 인물이다. 대중적인 인기를 얻기 전에 그는 미국 45개 주를 돌아다니면서 다양한 장르의 노래들을 배우고, 원주민과 이주민들의 문화를 깊숙이 파고들었다. 그러한 경험을 통해 그는 자신만의 작품을 창조하기 위한 다양한 재료를 확보했다.

✳ ✳ ✳

그냥 바라보는 것이 힘든 이유는 자신에게 이미 익숙한 지식을 멀리 치워두어야 하기 때문이다. 인터넷 초창기 시절에 나는 자칭 인터넷 '전문가'였다. 프로디지나 AOL, 컴퓨서브 등을 기반으로 온라인 홍보도 효과적으로 운영하고 있었다. 나는 내가 무슨 이야기를 하고 있는지 잘 알고 있었다. 적어도 그렇다고 믿었다.

그러나 1993년에 온라인 세상을 이리저리 돌아다니고 있었으면서도 나는 중요한 것을 놓치고 말았다. 나는 당시 인터넷을 무료이고, 느리고, 투박하며, 특정한 중심이 없는 것 정도로 생각했다. 그래서 당연히 성공하지 못할 것으로 보았다. 우연인지 필연인지 온라인상의 속도는 상당히 오랫동안 개선되지 않은 채였고, 나는 나의 회의적인 판단을 강화했다. 당연하게도 나의 그러한 판단에 어긋나는 성공 사례들은 모두 무시했다.

그해에 나는 검색 엔진이나 채팅 사이트, 온라인 경매 사이트 사업에 도전하는 대신, 온라인상에서 발견할 수 있는 기발한 것들을 가지고 책을 썼다. 그리고 그걸로 8만 달러를 벌었다. 그러나 그때 야후를 시작했던 데이비드 양과 데이비드 파일로는 이후 800억 달러의 가치를 창조했다(나보다 무려 100만 배나 더 많다).

그들은 나와 동일한 자원과 기술을 기반으로 움직였다. 다만 차이가 있다면, 내가 너무 똑똑한 척한 나머지 간과하고 말았던 것들을 그들은 놓치지 않았다는 사실이다.

자신의 세계관을 버리기 전까지 우리는 세상을 똑바로 볼 수 없다. 물론 세계관은 일상생활에서 쓸모가 있다. 일련의 전제와 편견, 믿음으로 이루어진 세계관을 통해 우리는 세상과 관계를 맺고, 시간을 절약할 수 있다. 외부와 접촉할 때마다 매번 모든 것을 검토하고 판단할 필요가 없기 때문에, 더욱 익숙하게 정보를 처리하고 일관되게 행동할 수 있다.

그러나 세계관은 본질적으로 우리가 세상을 있는 그대로 바라보지 못하게 방해한다. 세상을 있는 그대로 바라보는 능력을 키워야만 다른 이들이 보지 못하는 것들을 볼 수 있다.

※ ※ ※

내 스마트폰에는 상하이라는 게임이 깔려 있다. 게임판에는 도미노처럼 생긴 작은 조각들이 흩어져 있는데, 각 조각에는 서로 다른 그림이 그려져 있다. 게임의 목표는 똑같은 그림의 짝을 찾아서 판을 깨끗이 정리하는 것이다. 게임을 처음 시작할 당시에는 일반 모드로 16분 정도가 걸렸다.

계속해서 연습할수록(장거리 비행에서 시간을 때우느라) 기록이 좋아졌다. 점차 직관적으로 쉽게 짝을 맞출 수 있었기에 이렇게 중얼거릴 필요가 없었다. "M 두 개짜리가 여기 어디 있었는데….

잠깐, 붉은색 검이 또 어디 있더라…." 게임판을 주의 깊게 들여다보고 패턴을 인식하는 데 점점 더 익숙해졌다. 얼마 지나지 않아서 나는 평균 8분 만에 게임을 끝내게 되었다.

특별히 자랑할 만한 일은 아니지만, 그래도 이 게임은 우리가 패턴을 인식하는 방법을 학습하는 과정을 잘 보여준다. 인식 능력은 타고나는 게 아니다. 얼마든지 배울 수 있는 기술이다.

자동차 영업사원들은 시장에서 성공을 거둘 수 있는 자동차 디자인을 날 때부터 알고 있는 게 아니다. 일을 하는 동안 안목이 길러진 것이다. 경찰들도 마찬가지다. 어떤 행동이 문제로 이어질 수 있는지 그 징후를 간파하는 방법을 배운다.

그러나 그러다가 멈춘다. 일단 어느 정도 수준에 오르면 사람들은 현상을 있는 그대로 바라보려는 노력을 그만두고, 대신 지름길을 찾기 시작한다. 개략적인 윤곽을 잡고, 자신이 알고 있는 지름길이 정확하다고 생각하면서 모든 것에 이름을 붙이기 시작한다.

속도를 높인다는 이점도 있지만, 그것보다 더 중요한 것은 그렇게 하는 게 더 안전하다고 여기기 때문이다. 앞서의 경험을 그대로 따라 할 수 있다면, 매번 위험을 감수할 필요가 없다. 게다가 미리 이름을 붙여놓은 방식에 따라 즉각 대처할 수 있다면, 매번 새로운 계획을 세울 필요가 없다.

"이러한 공은 어떻게 때려야 하는지 알고 있어"라는 말은 "이런 유형의 사람들은 마음에 들지 않아"라는 말과 같은 맥락이다. 하지만 두 말에 따른 결과는 크게 차이가 난다. 전자는 타율 상승에 도움을 주지만, 후자는 소중한 관계의 기회를 날려버린다.

＊ ＊ ＊

본다는 것은 이름을 잊는다는 것이다.

성공한 사람들은 이름 붙이기에 능하다. 특정 인물이나 상황 또는 아이디어에 적당한 이름을 부여함으로써 더 빨리, 더 효과적으로 일을 처리한다. 예컨대 뱀과 막대기를 다른 이름으로 부를 때, 뱀에 물릴 위험은 낮아진다.

그러나 여기서 문제가 생긴다. 일단 이름을 붙이고 나면, 그 이면을 보기 힘들어진다는 것이다. 세상이 변하면 우리가 붙인 이름의 효용도 사라지고, 변화에 따른 중요한 기회들도 제대로 알아볼 수 없게 된다.

아티스트는 전체를 바라보는 법을 끊임없이 배워야 한다. 이름은 잊고, 그 대신 신선함을 불러올 방법을 터득해야 한다.

아트는 칠흑 같은 어둠 속에서 빛을 밝히는 행위다. 불을 켜기 전에 무엇을 보게 될지 우리는 알 수 없다. 무엇을 보게 될지 미리 알 수 있다면 그것은 어둠이 아닐 것이며, 거기서는 빛을 밝히는 아트가 존재할 수 없다.

✳ ✳ ✳

다음과 방법으로 바라보기 능력을 향상시킬 수 있다.

흰색 벽을 가만히 살펴보자. 그러면 그 흰색이 모두 똑같은 흰색이 아니라는 사실을 알게 된다. 빛이 들어오는 창문과 가까운 쪽이 더욱 밝은 흰색을 띠고, 반대쪽으로 갈수록 회색에 가깝다. 그리고 그 중간에서 희미하게나마 파랑과 녹색, 보라색을 발견할 수 있다.

_로버트 어윈(개념미술가)

대부분 사람은 그냥 흰색만 본다. 반면 뛰어난 아티스트들은 그 속에서 무지개를 본다. 그리고 뛰어난 저자들은 아이러니하게도 다양한 색상 각각을 위한 단어들을 찾아내 이름을 붙인다.

✳ ✳ ✳

눈은 거짓말하지 않는다. 그러나 우리 뇌는 거짓말을 한다. 그것도 시도 때도 없이. 뇌는 우리가 본 것과 배운 것을 해석하는 방식을 왜곡함으로써 우리를 눈뜬장님으로 만든다. 그런 까닭에 우리는 우리가 보지 못한다는 사실을 보지 못한다.

또한 우리는 누가 말을 하고 있는지 또는 어느 정당에서 제안

했는지에 따라 패션이나 음식, 정치에 관한 판단을 달리한다. 그리고 와인의 가격은 소믈리에의 평가에 큰 영향을 미친다. 플라시보 효과는 비단 약에만 해당하는 것이 아니다. 우리는 말 그대로 믿는 대로 본다.

우리는 세상을 있는 그대로 보지 못한다. 쉴 새 없이 분류하고, 판단하고, 받아들이기 껄끄러운 것들을 외면하는 동안 우리는 아무것도 제대로 보지 못한다. 우리는 기회를 보지 못한다. 고통과 마주하지 않는다. 그리고 무엇보다 중요하게, 아무 시도도 하지 않는 데 따른 위험을 보지 못한다.

그러나 보지 못하면, 아트는 성공할 수 없다.

✼ ✼ ✼

어떤 아트가 지금 시장 판도를 바꾸고 있는데 그 이유를 알지 못하겠거든 동료들에게 설명해달라고 하자. 많은 이들이 무언가를 듣고, 보고, 구입하고 있는데 그 이유가 이해되지 않을 때도 그렇게 하자. 블로그 내용, 기사, 소설, 마케팅 전략이 이해되지 않는다면 그걸 알 만한 사람에게 물어보자.

그리고 그들의 눈을 통해 보는 법을 배우자.

왜 이 브랜드는 저 브랜드보다 잘 팔릴까? 어떻게 그런 전략을 선택했을까? 이 인터페이스는 무엇이 문제인 걸까? 이 제품이 저

것보다 더 싼 이유는 뭘까?

　중요한 것은 새로 나온 패턴을 시도해보거나, 새로운 용어를 기억하는 게 아니다. 다양한 패턴 법칙과 용어를 배우고, 다양한 세계관을 이해하여 함께 융합하면서 계속해서 순수한 마음으로 돌아가는 것이다.

　순수한 마음으로 돌아간다는 말은 깊숙이 뿌리내린 세계관을 버린다는 뜻이다. 그리고 자신의 기대에 따라 해석하는 것이 아니라 선입견 없이 세상을 바라보고 있는 그대로를 받아들인다는 뜻이다.

둘째, 만드는 방법을 배워야 한다

우리는 기호화하는 방법을 배워야 한다. 일단 뭔가를 개발하는 방법을 깨닫고 나면 세상을 바라보는 시선이 달라지기 때문이다. 타이포그래피 기술을 배우면, 활자가 달리 보일 것이다. 전자 제품을 조립하는 방법을 배우면, 컴퓨터가 신비로운 기계로 보일 것이다. 연설하는 방법을 배우면, 다른 사람들의 연설 속에서 뭔가 다른 걸 느낄 수 있을 것이다.

　뭔가를 만드는 방법을 배운다는 말은 구경꾼에서 참여자로, 시스템 의존적인 존재에서 시스템 운영에 참여하는 존재로 변화한다는 뜻이다. 만드는 기술을 배움으로써 우리는 더 많이 도전하고, 더 많이 실패할 것이다. 그러면서 더 잘 만들 수 있는 용기를 얻을 것이다.

✱ ✱ ✱

우리 사회는 뭔가를 만들려는 아이들의 의욕을 꺾고 있다. 아이들 스스로 할 수 있는 게 하나도 없다.

"선 밖에는 칠하지 말아라."

"비디오 게임을 하면서 놀아라. 바깥 날씨가 너무 덥단다."

"고치느니 차라리 새로 사는 게 낫다. 게다가 우리 집엔 납땜인두도 없잖니."

산업경제에서는 소수가 만들어내고, 나머지는 그냥 구경만 한다. 반면 연결경제에서 우리는 다른 사람들이 만들어놓은 것들을 소비하고, 돌아서서는 그들이 소비할 물건들을 만든다.

글을 쓰거나 편집하거나 조립하거나 분해하는 일이 두렵다면, 당신은 구경꾼에 불과하다. 당신은 여전히 지시를 기다리고 있는 것이다. 경기장에서는 스무 명의 선수가 뛰고, 관람석에서는 8만 명의 관객이 응원한다. 관객은 구경하기 위해 돈을 내고, 선수들은 진정으로 살아 숨 쉬며 경기를 만들어간다.

✶ ✶ ✶

'어디서 아이디어를 얻습니까?'

'무슨 프로그램으로 글을 씁니까?'

'앞으로 뭘 해야 할까요?'

이 세 가지는 전혀 쓸모없는 질문이다. 중요한 건 도구와 수단이 아니다. 스승도 아니다. 필요한 건 경험이다. 자신이 직접 겪은, 반복된 실패의 경험이 중요하다.

어떤 분야든 자기 일을 똑바로 바라보기 위해서는 뛰어난 안목이 필요하다. 안목을 높이려면 자신보다 앞서 아트에 도전했던 사람들을 따라 하는 것을 넘어, 직접 만들며 실패를 경험해야 한다.

✶ ✶ ✶

〈존 카터〉는 끔찍한 영화다. 미국 관객 대부분이 20초 만에 그런 평가를 했다. 이 영화로 월트디즈니 영화 사업부는 막대한 손실을 보았다. 그런데 뜻밖에 러시아에서는 박스오피스 기록을 세웠다. 이 영화가 애초에 러시아 관객들을 대상으로 제작된 것이라면, 대단히 훌륭한 작품이었을 것이다.

〈니모를 찾아서〉, 〈월-E〉 등으로 대박을 터뜨렸던 앤드류 스탠튼 감독이 어떻게 저런 참패작을 만든 걸까?

그건 자본이 부족해서가 아니다. 영화를 만드는 방법을 몰라서도 아니다. 다만 그가 자신의 주요 청중인 미국인 관객과는 다른 (어쩌면 러시아 관객에 가까운) 세계관에 따라 해석했기 때문이다. 그러는 동안 자신과 다른 시선으로 보고 다른 세계관으로 해석한 디즈니 동료들의 조언에는 귀를 기울이지 않았다.

이 실패를 직접 경험하면서 그는 2억 5,000만 달러짜리 교훈을 얻었다. 이는 또한 모든 영화 제작자가 주목해야만 하는 교훈이기도 하다.

하지만 결국엔 실패하게 될지라도, 우리는 보고 만드는 과정을 끊임없이 반복해야 한다.

하이젠베르크(불확정성의 원리를 내놓은 독일 물리학자-옮긴이)는 바를 둘러보며 이렇게 말했다. "우리 세 사람이 있고, 여기는 술집이니까 그건 분명 농담일 것이다. 그래도 그게 농담인가, 아닌가 하는 의문은 남는다."

괴델(불완전성의 정리로 유명한 미국의 수학자이자 논리학자-옮긴이)은 잠시 생각하더니 이렇게 말했다. "음… 우리는 그 농담 속에 있기 때문에 웃긴지 아닌지 알 수 없다. 밖에서 봐야만 한다."

그러자 촘스키(변형생성문법을 창시한 미국의 언어학자-옮긴이)가 두 사람을 보며 말했다. "물론 농담이 맞다. 다만 당신들이 이야기를 잘못하고 있을 뿐이다."

특정 분야의 전문 지식에 대해 이야기해보자. 예컨대 위의 에피소드를 이해하려면 바에 앉아 있는 세 사람의 명성에 대해 조금이나마 알고 있어야 한다(하이젠베르크는 불확정성의 원리에 따라 '측정 대상은 측정 행위에 의해 상태가 변경되므로 정확히 측정할 수 없다'고 말한 것이고, 괴델은 불완정성의 정리 일부인 '그 시스템 내에서 증명될 수도 없고 반증될 수도 없다'는 지점을 끌어와 이야기하고 있다. 그리고 촘스키는 변형생성문법의 개념 중 심층과 표면의 구조를 끌어와 '심층(의미)은 옳지만 표면(음성) 구조가 잘못되었다'고 이야기하고 있다-옮긴이).

이처럼 특정 분야의 전문 지식은 무슨 일이 일어날지를 예측하게 하고, 특정한 시각을 더 굳히는 역할을 한다. 그러면서 세상을 있는 그대로 바라보기 어렵게 한다. 하지만 다른 한편으로 행간을 읽을 수 있게 하고, 작동 원리를 이해하게 해주며 어떻게 하면 더 잘할 수 있을지 깨닫게 해준다.

✳ ✳ ✳

밥 딜런은 당신이 만난 사람 중 누구보다 미국 음악의 역사에 대해 많은 것을 알고 있을 것이다. 그리고 미국의 벤처 자본가 프레드 윌슨은 성공적인 수많은 투자 사례에 대해 자세한 이야기를 들려줄 수 있다. 또한 패션 디자이너 아일린 피셔는 옷만 보고서도 누구의 아이디어인지 즉각 알아맞힐 것이다.

이 역시 이들이 가진 특정 분야의 전문 지식이다. 그런데 이것은 단지 한 분야에서 오래 일하는 동안 자연스럽게 생긴 부산물이 아니다. 오히려 그들의 일을 가능하게 해주는 중요한 기반이라고 보아야 할 것이다.

앤드류 스탠튼 역시 애니메이션 분야에서는 세계적인 수준의 전문 지식을 보유하고 있다. 하지만 라이브액션에서만큼은 자신의 안목에 대한 맹신 때문에 값비싼 대가를 치러야 했다.

지식만으로는 충분치 않다. 그러므로 아티스트의 두 번째 기반인 '만들기'가 중요하다는 것이다.

✳ ✳ ✳

누구든, 어떤 일이든 반복하면 잘하게 된다. 당신은 지금 무엇을 반복하고 있는가?

- 간신히 마감을 지키기
- 새로운 아이디어들을 회의적인 관점에서 공격하기
- 더 많은 것을 나누어주기
- 창조하기
- 불평하기

- 기회를 모색하기
- 몽상에 잠기기
- 유용한 피드백 제공하기

셋째, 백지상태에서 출발해야 한다

컨설턴트들은 가장 먼저 이렇게 묻는다. "예산이 얼마입니까?" 그리고 두 번째 질문은 이렇다. "무엇을 하고 싶으십니까?" 이 두 가지는 무엇을 원하는지 이미 잘 알고 있는 기업에 자문을 제공하는 데는 적절한 질문이다. 그러나 실질적이고 중요한 성장을 위해 논의를 시작할 때는 적합한 질문이라고 볼 수 없다.

아트를 할 때도 마찬가지다. 완전히 백지상태에서 시작해야 한다. 누가 만든 것을 그대로 베끼고 있다면, 어제와 똑같은 핫도그를 만들어 팔고 있다면, 지난주와 동일한 광고물을 그대로 발송하고 있다면, 지난달에 썼던 검색 엔진을 그대로 사용하고 있다면 특별한 사건은 벌어지지 않을 것이다. 그리고 특별한 관계도 이루어지지 않을 것이다.

누구나 쉽게 예상할 수 있는 결과를 만들어낼 때, 그건 아트가 아니다. 단지 책임을 회피하고, 안전하고 쉽게 평계를 댈 수 있는 방법을 찾은 것일 뿐이다. 이미 예전에 나왔던 것이라고 변명할 수 있고, 처음 시도한 사람에게 비난의 화살을 돌릴 수도 있으니까.

제일 어려운 것은 자기 견해를 지키고, 새로운 방식으로 해보는 것이다. 그것도 맨 처음으로.

✳ ✳ ✳

아트에 도전하는 사람들이 명심해야 할 두 가지가 있다.
'어떻게 바라볼 것인가.'
'중요한 작품을 만들 배짱이 있는가.'
그러면 나머지는 저절로 해결될 것이다.

사람들이 제자리걸음에서 벗어나지 못하거나 잠재력을 실현하지 못하는 이유는 이 두 가지 중 하나, 또는 두 가지 모두 때문이다. 그들은 세상을 있는 그대로 보지 못하고, 기회를 발견하지 못하고, 어떻게 해야 할지 모른다. 또는 보기는 했지만 두려움을 떨쳐버리지 못하고, 아미그달라가 끈질기게 불러일으키는 저항에 이리저리 끌려다닌다.

여기서 나는 당신에게 '내'가 보는 방식대로 세상을 보라고 말하는 게 아니다. 사람들은 저마다 고유한 시선으로 세상을 바라보며, 거기에 일반적인 기준이나 정답은 없다. 그러나 앞으로 펼쳐질 세상에 대한 우리 자신의 이해와 분석, 대응만으로는 원하는 것을 성공적으로 이루기 위한 통찰력을 얻을 수 없다. 그리고 그건 세상의 잘못은 아니다.

당신의 세계관이 지금 혼란에 빠져 있다면 안전지대를 잘못 정의한 것이다. 원점으로 다시 돌아가 새로 출발해야 한다. 그런데도 계속 머뭇거리거나 현 상태를 고집한다면 거기서 절대 벗어나지 못할 것이다.

완전히 백지상태로 돌아가 '있는 그대로의 세상'을 바라보는 것은 성공적인 아티스트의 실천적 행동지침이다. 자신의 아트가 반응을 이끌어내지 못했다면 그리고 과녁에서 빗나갔다는 느낌이 든다면, 아마도 해석의 오류일 가능성이 높다. 머릿속 곳곳에 끼어 있는 찌꺼기들을 털어내고 백지에서 출발하는 것이 가장 빠른 길이다.

✱ ✱ ✱

모든 중요한 작품은 어리석다. 그리고 다른 사람들에게 영향을 미치고 나서야 비로소 아트가 된다. 어리석은 것이라고 해서 모두 영향을 미칠 수 있는 건 아니지만, 어리석지 않으면 중요한 아트가 아니다.

아트를 우리 사회와 문화 또는 시장으로 가져오기 어려운 이유는 지루함과 어리석음의 경계를 구분하기가 쉽지 않기 때문이다. 무용수가 매번 완벽한 춤을 추는 것이 아니듯 치밀하게 계산 하고, 시도하고, 실패하고 그러고 나서 정확한 지점을 발견하기까지 우리는 많은 시간을 허비해야 한다.

무용수는 늘 실수를 한다. 그렇지만 계속해서 춤을 춘다. 완벽해질 때까지 끊임없이 춘다. 아티스트도 마찬가지다. 보고, 만들자. 그러고 나서 다시 백지상태로 돌아가자. 그리고 자신이 추구하는 연결을 이룰 때까지 반복하자.

✻ ✻ ✻

내가 종종 접하는 안타까운 장면은 저항에 몸을 맡긴 채 시장이 움직이는 방식을 이해하려 하지 않고, 통제권을 포기한 채 선택되기만을 기다리고 있는 사람들이다.

전문 지식이 부족하고, 현실과 현실에 참여하는 사람들의 관점에 대한 이해가 없을 때 아티스트는 무기력한 인질로 전락하고 만다. 당신은 선택되지 않을 것이며, 시스템이 움직이는 방식을 이해하지 못하고서는 스스로를 선택할 수도 없을 것이다.

아직 작품을 발표하지 않은 저자, 계약을 맺지 못한 극작가, 체념한 구직자들은 어쩌면 대수의 법칙에서 볼 때 패배자일 수도 있다. 그런 게 아니라면 이길 수 없는 게임을 하고 있는 것이다. 연결 가능한 언어로 이야기하고 있지 않은 것이며, 선택권을 쥔 청중이 요구하는 것과 조화를 이루지 못하고 있는 것이다.

자신의 아트가 추구하는 교감을 얻고 있지 못하다면 더 나은 아트를 만들어야 한다.

더욱 자세히 들여다보아야 한다. 더욱 섬세하게 만들어야 한다.

용기를 내고, 백지상태로 돌아가야 한다.

그리고 그러한 노력이 모두 허사라면, 무대를 옮겨야 한다. 실력을 발휘할 수 있는 새로운 무대를 찾아야 한다.

"실수하거나 지루할 수도 있다는 위험을 감수하자."

반응이 기대에 미치지 못할 때

《빗 디스!Beat This》는 내가 읽었던 최고의 요리책이다. 하지만 이 책을 발견하기는 아마도 힘들 것이다. 이미 절판되었기 때문이다. 대단히 흥미롭고 환상적인 요리법이 실린 책이어서 요리에 관심 있는 사람이라면 정말 마음에 들어 할 책이다. 그러나 베스트셀러에 오르지는 못했고, 상업적인 성공도 거두지 못했다.

그렇다면 이 책은 훌륭한 책이라고 할 수 없을까?

당신이 아티스트라면 자신의 작품에 '성공을 거두지 못한'이나 '형편없는' 또는 '위대한'이라는 꼬리표를 붙이기 전에 신중히 고민해야 한다. 저스틴 비버는 위대한 음악가인가? 그건 저마다 기준에 따라 다를 것이다. 히트곡을 기준으로 한다면 당연히 위대한 음악가일 것이며, 질 소블이나 데일 헨더슨보다 훨씬 뛰어나다. 그러나 자신의 아트를 다른 사람의 기준으로 평가하는 데에는 위험이 따른다.

애초에 기대했던 반응을 얻지 못했다면, 훌륭한 작품에 대한 자신의 정의가 틀린 것일 수 있다. 또는 자신의 작품이 생각만큼 훌륭하지 않았을 수도 있고, 단지 운이 나빴을 수도 있다.

그렇다면 더 잘 만들기 위해 노력하자. 더 훌륭한 아트에 도전하자. 그리고 끊임없이 반복하자.

전화 한번 안 하는 의사

얼마 전 나는 어떤 의사에게 가벼운 수술을 받았다. 나는 그가 매스 같은 섬뜩한 의료 도구를 얼마나 잘 다루는지 알지 못한다. 마취 상태에서 수술을 받았기 때문이다. 그러나 그 의사가 수술 이후의 좋은 기회들을 완전히 무시했다는 사실은 확실히 안다.

수술이 끝나고 의사는 결과를 확인하기 위해 나를 보러 왔다. 그때 나는 마취에서 깨어나지도 않은 상태였다. 그리고 퇴원 후 지금까지 그 의사는 상태를 묻기 위해 전화한 일이 한 번도 없다. 사실 특정 세대 의사들 사이에서 이런 모습은 그다지 낯선 게 아니다. 그들은 자신의 역할이 사람들을 낫게 하는 것보다 수술을 잘하는 데 있다고 생각한다.

물론 의사의 전화나 이메일 안부가 신체적인 고통을 덜어주는 것은 아니다. 하지만 환자의 마음은 그게 아니잖은가. 유용한 정보까지는 아니라도 심리적인 위안을 받거나 경과가 정상이라는 확인만 받아도 엄청나게 고마워할 것이다.

산업주의자들에게 제품은 제품이고 거래는 거래다. 일단 판매를 하고 나면, 위험은 모두 구매자의 몫이 된다. 하지만 아티스트들에게는 영향과 연결이 아트의 중요한 일부분이다. 만약 그 의사가 아트를 추구하는 사람이었다면 귀한 연결의 기회인 안부 전화를 그렇게 소홀히 하지는 않았을 것이다.

점원이 시킨 일만 할 때, 대리점이 지시에만 따를 때, 교사가 노조협약 의무만 지킬 때 그들은 아트의 소중한 기회를 흘려보내고 있는 것이다. 물론 그 사람들은 돈을 받고 서비스와 강의를 제공한다. 하지만 사람들과 연결되는 일, 영향을 미치는 일에 관심을 두지 않는다면 머지않아 한계에 부딪힐 것이다.

아티스트들은 관심을 기울이고, 이를 통해 자아를 넓히고 새로운 관계를 형성함으로써 관객을 변화시킨다.

반면 산업 근로자들은 관심을 두지 않는다. 자신의 존재를 드러내고, 책임을 떠안아야 하기 때문이다. 근로자가 상사의 지시에 따르면서(상사에게 책임을 떠넘기면서), 동시에 그 일에 진정으로 관심을 기울이는(결과에 대해 책임지려는) 것은 불가능하다.

"관심을 기울이고 그에 따라 행동하는 사람은
작품을 창조하고 있는 것이다."

너무나 진지한 코미디언, 스티브 마틴

스티브 마틴은 코미디 분야에서 독보적인 존재다. 하지만 큰 성공을 거둔 코미디언치고는 특별히 웃긴 사람은 아니었다. 그의 연기를 보면, 그가 일반적인 코미디언들과는 좀 다른 사람이라는 사실을 깨닫게 된다. 사실 그는 코미디언이 아니다. 그루초 막스나 버디 하켓 같은 코미디언들보다는 사르트르나 사무엘 베케트에게서 더 많은 영향을 받았으니 말이다.

마틴은 4만 석에 달하는 객석이 가득 찬 무대에서 마지막 공연을 했다. 그는 자신이 파티의 주최자였음을 새삼 깨달았다. 청중은 항상 그에게 기쁨을 주었다. 그들은 마틴이 한마디 할 때마다 열렬하게 호응해주고, 그의 말을 따라 하고, 그의 대사를 앞서 외치기를 좋아했다.

그처럼 미국 최고의 코미디언으로 우뚝 서기 전에 마틴은 10년 동안 형편이 어려운 시절을 보냈다. 허름한 클럽에서 서너 명의 손님을 앞에 두고 공연을 하기도 했으며, 음반 계약도 성사되지 못했다. 그러던 중 플로리다 공연을 위해 아메리카 대륙을 횡단한 일이 있는데, 그때 100명이나 되는 관객이 그의 무대를 찾았다. 이에 감격한 마틴은 한 달 동안 계속해서 출연했다.

그렇게 해서 점차 성공의 길을 걷게 되었는데, 그의 연기가 변한 건 아니었다. 변한 건 청중이었다.

마틴의 연기 비결은 정확함에 있었다. 그는 지나칠 정도로 자신의 연기에 몰두했다. 아트라고 해서 반드시 과감한 것만은 아니다. 화려한 무대나 열광적인 연기를 보여주는 것만도 아니다. 마틴에게 아트란 특정한 순간에 어떻게 손을 들고, 언제 마무리를 짓는지에 관한 것이었다.

10년이라는 세월 동안 마틴은 기존의 코미디언들과는 다른 길을 걸었고, 그 길로 얼마나 멀리 나아갈 수 있는지 보여주었다. 그가 항상 자신의 연기를 가다듬었기에, 그리고 단 세 명의 관객 앞에서도 겸허한 마음으로 최선을 다해 연기를 했기에 가능한 일이었다.

빛과 공간의 작가로 불리는 로버트 어윈이 아무도 보지 않는 작품의 뒷면까지 세심하게 마무리했던 것처럼, 마틴은 아무도 신경 쓰지 않는 공간과 순간에도 최선을 다했다. 그런 다음에는 시대의 유행이 자신을 찾아주길 묵묵히 기다렸다.

아웃사이더로서 아티스트

유명 공상과학 소설가들에게 어린 시절이 어땠느냐고 물어보면 대개 비슷한 이야기를 들려준다. 친구들이나 선생님들 대부분이 그들을 이해하지 못했다고들 한다. 인기 있는 아이도 아니었고, 반장을 하거나 미인대회에서 우승해본 일도 없다. 훌륭한 선생님이나 각별한 친척 어른한테 칭찬을 받은 적이 있기는 하지만, 대부분 시간 동안 혼자서 그림을 그리거나 글을 쓰면서 관찰과 몽상으로 하루를 보냈다고 이야기한다.

성공한 프로그래머나 기업가, 그래픽 미술가 또는 논쟁을 불러일으키고 있는 인물들과 이야기를 나눌 때에도 비슷한 이야기를 듣게 된다.

이들도 어릴 적 친구들과 평범하게 어울려 지내는 삶을 선택할 수 있었다. 아니면 아웃사이더로서 쓴맛을 보고 나서라도 인사이더가 되어야겠다는 결심을 얼마든지 할 수 있었다. 그러나 그들은 끝내 그러지 않았다.

우리 사회의 레이더와 같은 존재가 된 인물들, 사람들에게 많은 영향을 미친 인물들은 그냥 적응하는 삶이 아니라 자신의 존재를 드러내는 삶을 택했다. 그들은 사회적으로 중요한 일을 하면서 만족감을 느끼고, 자신을 세상에 드러내는 동안 저항이 가져오는 고통을 그대로 끌어안았다.

최근 우리 문화와 경제는 이처럼 무언가를 만들어내고, 전달하고, 연결을 일구어내는 사람들을 점차 '인사이더'로 인정하고 있다. 그리고 바로 이들이 새로운 사회를 건설해나가고 있다.

> "아티스트는 세상을 있는 그대로 바라본다.
> 그리고 널리 공감할 수 있는 이야기를 들려준다."

그 일을 왜 했는가?

산업가에게는 오직 하나의 기준이 있다. '돈벌이가 되는가?'

충분히 승산이 있다고 판단되면 그들은 조직을 구성하고, 돈을 빌려 투자하고, 생산성을 높이고, 근로자들이 더 열심히 일하도록 관리하고 유도한다. 딴생각은 전혀 하지 않고 돈이라는 목표를 향해 밀어붙인다.

목표를 달성했는가? 다시 말해 매출이 올랐는가? 소비자들이 구매하는가? 기대만큼 높은 수익을 올렸는가? 그랬다면 성공을 거둔 것이며, 그동안의 고통은 참을 만한 가치가 있는 것이 된다.

산업가들이 제시하는 이런 기준은 자칫 객관적으로 보이지만, 사실은 이카루스의 속임수 일부다. 우리가 스스로를 평가하고, 우리 인생이 얼마나 가치 있는지 평가하는 방식을 왜곡한다. 남들보다 더 많은 것을 소유하고 있는가? 나의 이웃과 자동차, 배우자, 자녀들은 남들만큼 수준이 높고 인기 있는가?

반면 아티스트들은 이러한 기준에 집착하지 않는다. 후원자나 매출 또는 큰돈을 버는 게 중요해지는 건 많은 아트 활동을 위한 기회가 될 때뿐이다.

연결경제 속에서 자신의 작품을 평가하는 올바른 기준은 다른 사람들에게 얼마만큼의 감동을 주었는가 하는 것이다. '평론가들이 마음에 들어했는가?'보다 더 중요한 질문은 이런 것이다. '어떤 일을 했는가? 그리고 그 일을 왜 했는가?'

직급과 급여, 지위에 이르기까지 산업가들은 객관적인 확실한 기준을 따라 올라갈 수 있는 티켓과 성공을 향해 나아가는 점진적인 단계가 보장된다고 우리를 설득했다.

그러나 아티스트들은 춤추는 원숭이에게 주어지는 혜택을 포기하고, 그 대신 훌륭한 작품에서 마음의 안식을 얻는다.

세상에서 제일 나쁜 상사

당신이 바로 그 사람일 수 있다.

우리는 우리 자신의 상사로서 자신의 경력과 업무와 태도를 결정한다. 서비스를 제공하거나 강의를 하는 방법, 스스로에게 이야기하는 방법을 관리한다. 하지만 당신은 아마도 자신의 상사라는 역할을 게을리하고 있을 것이다.

어쩌면 당신은 세상에서 제일 나쁜 상사일지도 모른다. 만약 당신이 자기 자신에게 하는 식으로 말을 하는 상사가 있다면, 당신은 당장 그 직장을 때려치웠을 것이다. 당신처럼 시간을 함부로 낭비하는 상사가 있다면, 곧장 해고되었을 것이다. 당신이 자신에게 하는 방식으로 직원들의 업무 능력을 계발하는 기업이 있다면, 진작에 망했을 것이다.

나는 사람들이 자신을 얼마나 형편없이 관리하는지를 보고 많이 놀랐다. 더 높이 올라갈 수 있는 자유가 있음에도 사람들은 망설이거나 그대로 가만히 있다가 결국 자포자기에 이르고 만다.

그런데 그들은 스스로의 길을 과감하게 결정한 사람들을 만나면 깜짝 놀란다. 가령 재택근무로 일할 방법을 개발하고, 노트북을 가지고 업무를 보면서 2년 동안 세계를 돌아다닌 사람들을 만날 때 그렇다. 저녁과 주말에 짬을 내서 강의를 듣거나 부업으로 꽤 짭짤한 수입을 올리는 사람들을 만날 때도 그렇다. 그리고 행복을 향해 용감한 선택을 한 사람들을 볼 때도 깜짝 놀란다.

세상에서 가장 최악의 상사를 만나기 전에, 당신 자신이 바로 그 최악의 상사일 가능성이 높다. 이제 우리는 다른 사람에게 의존하면서 선택받기를 기다려선 안 된다. 결국 미래는 스스로 훌륭한 상사와 스승이 되기로 마음먹은 사람들의 몫이기 때문이다.

한 번도 좋은 성적을 거두지 못한 마라톤 선수가 있는데, 그 이유가 훈련이나 몸풀기를 게을리해서라면 누구도 동정심을 느끼지 않을 것이다. 환자들은 계속해서 교육을 받거나 의학 잡지를 보면서 최신 정보를 따라잡지 않는 의사에겐 찾아가지 않을 것이다.

당신이 지금 아트를 하고 있다면, 자신의 에너지와 시간을 신중하게 관리해야 한다. 어떤 핑계도 용납되지 않기 때문이다. 아티스트의 지상 과제인 연결은 신뢰가 아니면 절대 이뤄지지 않는다.

줄리아드 음대생의 딜레마

얼마 전 한 세계적인 바이올리니스트가 뉴욕에 있는 줄리아드 음대에서 연설을 하고 연주 무대를 가졌다. 그런데 그 자리에는 겨우 열다섯 명의 학생만이 참석했다. 그 시간에 대부분 학생은 연습실에 있었다.

줄리아드 학생들은 스승에게 가르침을 받기보다 악보를 보고 연습을 하려는 욕구가 더 강하다. 그 이유는 악보를 그대로 연주하는 능력 덕분에 그 학교에 입학할 수 있었기 때문이다. 즉, 그 유명한 학교에 들어올 수 있었던 것은 악보에 지시된 대로 잘 따르는 능력을 갖춘 덕이었다.

그런데 바로 여기에 딜레마가 있다. 입학할 때 필요했던 기술이 졸업할 때에는 도움이 되지 않는다는 것이다. 세상에는 훌륭한 바이올린 연주자가 넘쳐나고 오케스트라에서 원하는 공손한 연주자들도 수두룩하다. 오케스트라들이 연주자를 뽑는 일은 무척 드문데 항상 공급이 수요를 초과한다. 그런 까닭에 졸업반이 되면 학생들은 진로를 찾느라 고심하게 된다.

상황은 앞으로도 여기에서 크게 벗어나지 않을 것이다. 아니 어쩌면 더 나빠지기가 십상이다. 그렇다면 성공을 거두는 방법은 개성 있는 음악가가 되는 방법밖에 없다. 아무도 예상하지 못했던 방식으로 자신만의 연주를 하는 것이다.

풍요에 익숙해지자

앞으로는 '무엇을 얻을 수 있을까'에서 '무엇을 줄 수 있을까'로 고민을 이동해야 한다.

산업경제는 일종의 제로섬 게임이다. 모든 생산 활동은 보상을 낳고, 그 보상은 경영진과 근로자들에게 주어진다. 바로 이런 이유로 충돌이 일어난다. 귀한 자원을 나누어 가져야 하기 때문이다.

이와 반대로 연결경제에서는 연결을 통해 필요한 것보다 더 많은 양을 만들어낸다. 다양한 선택권과 더불어 예전에 귀했던 것들이 이제는 흘러넘치고 있다.

이제 우리의 과제는 풍요로운 세상에 익숙해지는 것이다. 특히 네트워크에서 무엇을 얻어낼 것인지 고민하기에 앞서, 어떻게 기여할 것인지에 초점을 맞추어야 한다. 충분히 기여할 수 있다면, 저절로 더 많은 것을 얻게 될 것이다.

그래도 산업적인 과제는 여전히 남아 있다. 석탄을 캐고, 바이러스를 연구하고, 책을 인쇄하고, 문서를 분류하는 일은 앞으로도 당연히 계속되어야 하기 때문이다. 그러나 그 일을 '당신'이 해야 한다는 뜻은 아니다.

현재 힘의 중심은 더는 희귀하지 않은 것들을 공급하는 사람들에게서 연결에 기여하는 작품을 창조하는 사람들에게로 재빨리 넘어가고 있다. 그래도 산업경제가 사라지는 일은 없을 것이다. 다만 그 주도권이 기계가 아니라 연결을 이루어내는 사람들의 손으로 넘어갈 뿐이다.

슬럼프에 빠졌을 때

방송 프로듀서 아이라 글라스의 글을 소개한다. 어쩌면 당신이 생각하는 바와 크게 다르지 않을 것이다.

> 초보자에게 이런 이야기를 하는 사람은 없겠지만, 그래도 나는 누군가가 내게 진작 말해줬더라면 좋았으리라는 생각이 든다. 사람들은 스스로 뛰어난 안목을 가지고 있다고 믿기 때문에 뭔가를 창조하고자 한다. 그러나 기대와 실제 사이에는 격차가 존재한다. 처음 몇 년 동안은 그리 훌륭한 작품을 만들어내지 못한다. 더 뛰어난 작품에 도전하면서 잠재력을 실현해가지만, 그래도 만족스럽지는 않다. 그렇다고 하더라도 우리의 안목, 즉 자신을 게임 속으로 밀어 넣는 안목은 대단히 중요하다. 이러한 안목은 동시에 자신이 만든 작품에 실망하는 이유이기도 하다. 많은 이들이 실망의 단계를 넘기지 못하고 중도에 포기한다. 흥미로운 작품을 만들어내고 있는, 내가 알고 있는 사람들 대부분은 거기서 몇 년 동안을 머물렀다. 그

러는 동안 자신이 기대하는 특별한 가치가 작품 속에 제대로 반영되지 못했다는 사실을 깨닫게 된다. (…) 지금 막 시작했거나 아직 그 단계에 머물러 있다면, 당신이 해야 할 가장 일반적이고도 중요한 일은 많은 작품을 만들어내는 것이다. (…) 격차를 좁히기 위해서는 오로지 많은 창작 경험을 거치는 방법밖에 없다. 그러면 언젠가 기대만큼 훌륭한 작품을 내놓게 될 것이다.

> "자기파괴적인 순간에는 원인에 집착하면서
> 오로지 답을 찾기 위해 치닫는다."
> _E. E. 커밍스(화가이자 소설가)

아트는 청중과 함께 날아오르는 것이다

마르셀 뒤샹은 이렇게 지적했다. "그림을 그리는 사람은 관찰자다." 뒤샹은 무대를 만들고 관객이 그들 마음속에서 아트를 실현하도록 했다.

이브 클랭은 이렇게 말했다. "나의 그림은 내 아트의 잿더미에 불과하다." 클랭에게 아트란 작품을 창조하는 일 자체이며 캔버스나 사진, 거짓 기사는 기념품일 따름이었다.

이들은 모두 하나의 진실을 말하고 있다. 아티스트는 날아오르고, 관객들은 그 에너지를 경험한다. 그러나 어둠 속에서 날아오르는 것, 예컨대 아무도 없는 숲속에서 쓰러지는 나무가 되는 것은 의미가 없다.

도약이 의미가 있으려면 다른 사람들도 함께 경험할 수 있어야 한다. 거부당하거나 치명적인 실패로 끝날 위험과 함께 이루어져야 한다. 또한 청중이 신화적이면서 인간적인 도약의 환희를 경험할 수 있도록 해주는 선물이 되어야 한다.

그런데 청중에게 배경지식이 부족하다면? 레스토랑 손님들이 분자 요리학이 얼마나 어려운 학문인지 알지 못한다면? 뉴욕 현대미술관을 관람하는 관광객들이 미술의 역사를 잘 모르고, 잭슨 폴락의 도전이 얼마나 대담한 것이었는지 이해하지 못한다면?

예컨대 관광객들을 죽 세워놓고 이렇게 설명해야 할까? "폴락은 뛰어난 화가인 토머스 하트 벤턴의 제자인데, 그가 그린 그림 속의 인물들은 대단히 사실적이다. 이와 같은 극단적인 리얼리즘에서 물감을 떨어뜨리는 아트로 도약하기 위해서는…."

그렇게 설명한다 해서 폴락의 작품을 이해하도록 할 수 있을까? 그들은 아마도 캔버스에 물감을 떨어뜨리는 것쯤이야 '누구든 할 수 있다'고 생각할지도 모른다. 그리고 어떤 측면에서 폴락에게 캔버스는 아트의 잿더미와 같은 것이다.

그런 까닭에 대중에게 아트는 희귀한 것이다. 대중이 중요하게 여기는 것은 번득이는 독창성이 아니다. 사람들은 복사본을 보면서도 만족해한다. 하지만 크게 신경 쓸 필요는 없다. 대중이라는 존재의 중요성이 예전에 비해 크게 낮아졌기 때문이다. 대중은 유명한 것에만 관심을 기울인다. 오히려 최근에는 좀 특이한 사람들, 즉 농담을 농담으로 알아듣는 사람들이 대중에게 아이디어를 전파하는 과정에서 큰 힘을 발휘한다.

때로 우린 모두 대중이다. 미묘한 차이를 알아채지 못하고, 어느 정도 수준에 만족하고, 작품이 사람들에게 미치는 영향보다 가격을 더 중요하게 여길 때 우리는 모두 대중이다. 그러나 수많은 틈새시장이 존재하고 취향도 무척 폭넓고 다채로워졌으므로, 불가사의할 정도의 독특함도 맘껏 발산할 수 있게 되었다. 그러니 이제 대중이라는 존재에 지나치게 얽매이지 않아도 된다.

이제 아티스트는 직접 청중을 선택할 수 있다. 자신의 작품을 이해하는 청중을 적극적으로 선택함으로써 자신의 아트를 더욱 널리 알려나갈 수 있다.

두려움을 들여다보는 방법

창조성, 리더십, 브레인스토밍에 관한 책이나 강연들이 많이 늘었다. 그런데 상당수가 기대에 미치지 못하는 반응을 접하고 무대 뒤로 사라진다. 이들이 실패하는 간단한 이유는 사람들이 그러한 방법으로 성과를 거두기를 진심으로 바라지는 않기 때문이다. 우리의 머리는 아트를 두려워하도록 강력하게 세뇌되어 있다.

도랑을 팠을 때 보상을 받을 것이라는 확신이 있다면, 사람들은 너도나도 도랑 파는 기술을 배우려 들 것이다. 하지만 사람들은 이끌고, 개발하고, 창조하는 일에 도전하길 주저한다. 그렇게 했을 때 무슨 일이 벌어질지 두렵기 때문이다.

이 책에서 나는 단계별 전략이나 지름길을 제시하지는 않는다. 그런 것들은 이 책에서가 아니라도 얼마든지 발견할 수 있기 때문이다. 나는 다만 한 가지 간단한 전술에 대해서 이야기하고자 한다. 우리가 두려워하고 있는 것들이 무엇인지 확인하고, 이를 똑바로 들여다볼 수 있도록 도와주는 전술이다.

얼마 전에 열린 행사에서 나는 카드 한 무더기를 사람들에게 나누어주었다. 그 카드의 한쪽 면에는 '문제' 그리고 다른 면에는 '해결책'이라고 써놓았다.

나는 행사에 참석한 모든 사람에게 자신의 심각한 문제나 오래된 고민거리, 아트를 하지 못하도록 발목을 잡고 있는 장애물에 대해 써보라고 했다. 다음으로 나는 옆 사람과 카드를 바꾸도록 했다. 그리고 5분 동안 최선을 다해서 카드 뒷면에 문제의 해결책을 써보도록 했다. 그 해결책이 정말로 도움이 될 것인지는 사실 중요한 게 아니었다. 나는 다만 세 가지에 주목하도록 했다.

첫째, 자신의 문제에 대해 쓰면서 어떤 생각이 들었는가? 문제를 직접 손으로 쓰고, 이를 다른 사람과 나누는 동안 그 문제가 더 심각하게 느껴졌는가? 아니면 오랫동안 고민했던 중대한 문제가 사소한 일처럼 느껴졌는가?

둘째, 옆에 있는 사람이 어쩌면 도움이 될 만한 해결책을 줄 수 있을지도 모른다고 생각하면 어떤 느낌이 드는가? 상대방의 해결책을 실천해볼 의향이 있는가?

그동안의 문제가 해결되거나 심각함이 줄어든다면, 실질적인 행동을 통해 자신의 아트를 다른 사람들에게 드러낼 수 있을 것이다. 그렇게 해야만 청중이 결국 자신의 프로젝트를 받아들일 것인지, 무시할 것인지 또는 사기꾼이라고 비난할 것인지 알 수 있다.

그리고 셋째, 상대방이 적당한 해결책을 제시하지 못했다면(분명 그랬을 것이다. 5분밖에 없었으니까), 당신은 그 문제가 해결 불가능하다는 사실을 받아들일 용의가 있는가?

사실 해결 불가능한 문제는 이미 해결된 문제와 다를 바 없다. 해결이 불가능하다는 사실을 받아들인다는 말은 곧 패배를 인정하고 그냥 넘어가겠다는 뜻이다. 애초에 해결이 불가능한 것이었기 때문에 자신의 문제 목록에서 이를 삭제해버리겠다는 뜻이다. 그렇게 된다면 자신의 존재를 드러내거나, 날아오르거나, 오페라 무대에 설 기회를 잡을 수 없을 것이다.

그러나 그렇다고 하더라도 한계를 인정하고 그 안에서 살아갈 수 있다. 해결하지 못한 무거운 문제들을 모두 내려놓을 때 우리 인생은 훨씬 가벼워질 것이고, 더 많은 다른 것들을 얻게 될 것이다.

"모든 아트는 의혹으로 가득하다.
어떤 프로젝트든 성공을 거두기까지 청중은
그가 그저 무모한 인간은 아닌지 의심할 것이다."

최악의 시나리오를 쓰는 작가

작가 니콜라스 베이트는 진화가 인류에게 과거에는 아주 유용했지만 이제는 쓸모없어진 도구를 선물했다고 말했다. 그가 지목한 것은 다름 아닌 도마뱀 뇌다. 이 부위는 아트를 향한 모든 도전에 앞서 너무나도 신속하게 최악의 시나리오를 상상해낸다.

바로 이 '최악의 시나리오를 쓰는 작가Worst-Case-Scenario Generator, WCSG'는 토스터에 불이 붙을지도 모른다거나 차가 폭발할지도 모른다고 계속해서 외쳐댄다. 그러면 우리는 순간적인 공황 상태에 빠져 아무것도 제대로 할 수 없게 된다. 사실 우리가 사용하는 물건들의 위험성은 대단히 낮다. 그럼에도 아트적인 삶을 위한, 새로움을 위한, 중대한 프로젝트를 위한 물건들은 WCSG의 풍부한 상상력 속에서 전혀 다른 모습으로 등장한다.

대부분의 경우 최악의 시나리오는 비현실적이고, 맥 빠지게 하는 것들이다. 강의를 하거나, 글을 쓰거나, 신제품을 출시하고자 할 때 WCSG는 언제나 최악의 상황을 떠올린다. 지극히 안전한 것들조차 종종 무척 위협적인 모습으로 나타난다.

중요한 점은 그러한 재앙들이 거의 일어나지 않는다는 사실이다. 그러거나 말거나 WCSG는 안전을 도모한다는 명목으로 우리의 도전 과제에 부정적인 요소들을 끊임없이 강조한다.

여기서 정말 중요한 문제는 우리의 안락지대가 더 이상 안전지대와 일치하지 않는다는 사실이다. 우리는 그저 안전하고, 현명하고, 신중하게 그리고 태양에 너무 가깝게 날지 않도록 조심하고 있는 것이라 생각한다. 그러나 실제로 WCSG는 바다 표면으로 더 가까이 내려가도록 우리를 잡아당기고, 결국 지나치게 낮고 소심하게 날아다니도록 만들면서 중요한 기회들을 몽땅 날려버리게 한다.

아티스트는 사기꾼인가?

아티스트의 당면 과제는 작품을, 그것도 다른 누구의 것도 아닌 '자기 자신'의 작품을 대중에 공개해야 한다는 것이다.

아티스트로서 우리는 자신의 작품이 누구의 지시에 따른 것이 아니고, 다른 이의 작품을 베낀 것도 아니며, 오로지 자기 자신의 것이라는 사실을 명심해야 한다. 그건 오로지 스스로 만든 것이다.

그러니 청중으로부터 아무런 반응이 없을 때면, 거부당했다는 사실이 지극히 개인적인 느낌으로 다가오기 마련이다. 이에 반해 청중과의 교류에 성공했을 때도 그 결과는 전적으로 우리 자신의 많이다.

아티스트들이 가장 수치스러워하는, 그래서 가장 두려워하는 말은 이것이다. "이런, 순 사기꾼 같으니라고!"

아티스트들은 혹시 사기꾼 취급을 받지 않을까 늘 걱정한다. 우리가 하는 일은 키보드로 1분에 81개의 단어를 치거나 어제와 똑같은 방식으로 화학약품을 제조하는 게 아니다. 이제 우리는 태양 가까이 날아오르려 한다. 예전에 누구도 도전하지 못했던 새로운 일을 시작하려 한다. 누구도 하지 못했던 이야기를 하고, 아무도 건드리지 못했던 주제를 다루려는 것이다. 그렇다면 우리는 사기꾼이다. 누구도 우리가 하는 일을 이해하거나 예측할 수 없을 것이기 때문이다.

자신의 존재를 드러내고자 하지 않는다면, 굳이 일어설 필요도 없다. 그러면 우리의 말이나 행동, 생각을 가지고 문제 삼는 사람도 없을 것이다. 그러나 그렇게 해서 안락지대로 돌아온다고 하더라도, 앞서 살펴본 것처럼 안전지대는 이미 저 멀리 이동해버렸다.

누구나 외로워하고, 사기꾼 취급을 받지 않을까 걱정한다. 나 역시 글을 쓰거나 이를 닦거나 무대에 설 때마다 항상 그런 걱정을 한다. 그러나 그건 인간의 본성이다. 지극히 당연한 감정이다. 그렇다면 이 문제를 어떻게 해야 할까?

MIT 미디어 연구실의 소장 조이 이토는 에르난 코르테스의 전설과 관련하여 한 가지 의문을 갖고 있었다.

이야기 속에서 코르테스는 병사들에게 이렇게 명령했다. "이 배들을 모두 불살라라." 그러자 이제 돌아갈 배가 없다는 것을 안 병사들은 목숨을 다해 전투에 임했다. 이기는 것 말고는 다른 대안이 없었기 때문이다.

그러나 대안은 언제나 있기 마련 아닌가? 아이디어 기반의 연결경제에서는 예전에 비해 기회비용은 낮아지고, 협력의 효과는 높아지고, 성공의 대가는 엄청나게 커졌다. 조이 소장이 의구심을 가졌던 바처럼, 배를 몽땅 태워버리는 식의 조직화된 전략은 이제 큰 보상을 가져다주지 않는다. 그 대신 소수의 상상력을 사로잡고, 이를 출발점으로 하여 널리 퍼져 나가는 단순한 아이디어가 세상을 지배한다.

중요한 특성을 이해하자. 전술과 접근방식 그리고 영향력을 행사하기 위한 다양한 방법과 관련해서 민첩하게 움직이는 것만큼 중요한 것은 없다.

다만 대전제는 아티스트로서 자기 입장에 대해 의문을 품지 말아야 한다는 것이다. 아트는 우리가 선택할 수 있는 유일한 전략이다. 누가 비난하든, 시장에서 어떤 실패에 직면하든 아트를 향한 우리의 권리와 의지를 지켜야 한다.

전술은 얼마든지 자주 바꾸어도 좋다. 민첩하기만 하면 되니까. 하지만 창조라는 전략만큼은 절대 바꾸어서는 안 된다.

"불평은 바보짓이다. 행동하거나 아니면 잊어버려라."

_스테판 사그마이스터(그래픽 디자이너)

근시안적인 기업들

자본주의 시스템 안에서 기업의 조직은 더 많은 것을 생산하기 위한 형태로 이루어진다. 더 높은 이익과 시장점유율 그리고 더 많은 영향력을 행사할 수 있도록 구성된다. 기업들은 언제나 가장 간단하고, 가장 신속하고, 가장 많이 생산할 수 있는 가장 안전한 길을 택한다.

비영리단체들은 기존 후원자들만 계속해서 주목한다. 새로운 기부자를 발굴하는 것보다 쉽기 때문이다. 마케터들은 끊임없이 스팸 메일을 뿌린다. 고객들의 관심을 장기적으로 붙잡아둘 방법을 고안하는 것보다 덜 수고스럽기 때문이다.

과점 시장을 이루고 있는 탄산음료산업을 들여다보자. 이들 기업들이 매출을 올리기 위해 선택하는 가장 쉬운 전략은 더욱 큰 크기의 제품으로 교육 수준과 소득이 낮은 계층에 집중하는 것이다. 이러한 전략을 소위 '위stomach 점유율'이라 부른다.

마이크 블룸버그 뉴욕 시장은 공공장소에서 판매되는 탄산음료 제품의 크기를 450밀리리터로 제한했다(이는 50년 전 코카콜라 광고를 기준으로 약 3인분 정도에 해당한다). 그러자 음료 기업들이 들고 일어났다. 누구나 원하는 대로 시장에 물건을 내다 팔 수 있는 자유시장의 원칙을 심각하게 훼손했다는 주장이다.

하지만 그 기업들은 핵심을 놓치고 있다. 제한 기준이 경쟁자들에게도 동일하게 적용된다면, 그러한 정책은 오히려 무조건 많은 양을 팔기 위한 경쟁이 아니라 기업들의 아이디어와 창조성, 혁신을 향한 경쟁을 자극할 수 있다. 그리고 소비자들의 기대 수명을 높여 궁극적으로는 기업들 자신에게 도움이 된다.

만약 그 기업들 중 하나에서라도 아티스트다운 발상을 할 능력을 갖추었다면 이 제한 조치를 오히려 쌍수를 들어 환영했을 것이다. 단기적인 이익에 눈이 멀어 장기적인 이익의 기회를 스스로 발로 찬 셈이다.

당신은 구경꾼인가?

소비자는 구경꾼이다. 그리고 관람석의 팬들도 구경꾼이다.

마케터들은 구경꾼을 좋아한다. 그들이 어떤 반응을 보일지 쉽고 확실하게 추측할 수 있기 때문이다. 마케터들은 구경꾼들을 기반으로 예산을 짜고 전망을 세운다.

인터넷이라는 마법은 무언가를 가장 먼저 그리고 자주 제시하는 사람들에게는 보상을 주지만, 구경꾼들에겐 불이익을 안겨준다. 동영상을 만들어 유튜브에 올리는 사람들은 그냥 구경만 하는 사람들보다 더 많은 이익을 챙긴다. 기업가와 시인, 작가들은 자기 견해를 드러내면서 보상을 얻는다. 이를 위해서는 독자와 시청자, 소비자, 구경꾼이 필요하다.

구경꾼은 항상 필요하지만 당신이 구경꾼일 필요는 없다.
"그냥 들으러 온 겁니다."
"아직 경험이 별로 없어서 의견을 말씀드리기가 어렵군요."
"받아 적고 있습니다."
"이게 시험에 나오는 건가요?"
당신이 지금 어떤 모임, 강연 또는 공연에 왔다고 생각해보자.
그런데도 생각하기를 거부하고 구경만 하고 있는가?
당신의 생각을 소리 높여 외치자.

"심리적인 저항은 우리가 아트를 하지 못하도록 방해하는 하나의 진화된 방식이다."

성공하는 아티스트들의 습관

새롭게 판을 짜거나 기반을 마련하거나 특히 도마뱀이 날뛰면서 저항을 일으켜 우리를 가로막으려 할 때, 아티스트는 스스로 힘을 얻을 수 있는 습관들을 개발한다.

그중 몇 가지를 소개한다.

- 자신이 만든 것을 파는 방법을 배우기
- 감사의 글을 전하기
- 강연하기
- 자주 실패하기
- 세상을 있는 그대로 보기
- 예측하기
- 남들을 가르치기
- 매일 글을 쓰기
- 다른 사람들을 연결해주기
- 모임을 주도하기

이러한 습관들, 또는 자신의 비전과 어울리는 또 다른 당신만의 습관을 실천하기 바란다. 그래서 그 습관을 자기 일로, 자신이 책임지는 과제로 만든다면 당신의 아트는 저절로 이루어질 것이다.

반대로 관성적으로 행동하거나 기계적으로 대응하거나 다른 사람들의 지시에 따라 움직인다면, 당신은 저항에 무릎을 꿇은 것이다. 다른 사람들의 변덕에 맞추느라 자기 자신의 아트를 희생하는 것이다.

"틀렸다. 기발하다. 어리석다. 놀랍다. 이런 말들을 종종 듣는가?

가슴 벅차게 하는 일을 피하지 말자."

폴라 파운드스톤의 인식 전환

개그우먼 폴라 파운드스톤은 처음부터 관객들로 꽉 들어찬 무대에서 쇼를 펼친 건 아니었다. 점점 인기가 높아진 다른 코미디언들과 마찬가지로 그녀 역시 오랫동안 한밤중의 썰렁한 무대에 올라야만 했다.

그녀는 관객이 두세 명밖에 안 되는 공연장의 분위기를 어떻게 이겨낼 수 있었는지 들려주었다. 처음에는 화가 났지만 나중에는 그들에게 감사하는 마음을 갖게 되었다고 했다. 어느 날 혼자 이렇게 외친 후부터. "어, 지난번에 왔던 사람들이잖아!"

아트는 연결을 위해 존재한다. 그러나 연결이 처음부터 일어나지는 않는다. 그럴 때 배우는 당황한다. 이게 끝인가? 그렇게 많이 노력하고 도전했는데 겨우 몇 사람만이 읽고, 듣고, 보러 왔단 말인가?

파운드스톤이 보여준 인식의 전환은 우리를 찾아온 소수의 사람이야말로 진정으로 소중히 여겨야 할 고마운 존재라는 사실을 상기시켜준다. 지금 당신 앞에 앉아 있는 몇 명의 관객은 '세상의 나머지 전부'보다 중요한 사람들이다.

관객의 수준에 맞추기 위해
작품의 수준을 낮출 때

한 동료와 함께 어떤 디자이너의 포트폴리오를 살펴본 적이 있다. 우리는 그녀의 작품이 나쁘지는 않지만, 훌륭한 수준까지는 아니라는 데 의견을 모았다.

그 얼마 후 전시장에서 그녀의 작품을 다시 만나게 되었다. 그런데 그 자리에서 그녀의 작품들 속에 숨겨진 가치를 발견할 수 있었고, 그녀의 잠재력을 확인할 수 있었다.

그녀는 두 가지 실수를 했다.

첫째, 자신의 작품들을 드러내는 과정에서 자신만큼 수준이 높지 않은 고객들의 요구에 따라 작품들을 단순하고 쉽게 바꾸었다. 둘째, 자신의 진정한 가치를 분명히 드러내고 고객들의 시선을 사로잡을 수 있는 획기적인 작품들은 일부러 보여주지 않았다.

우리는 여기서 두 가지 교훈을 얻을 수 있다.

첫째, 청중을 위해 작품의 수준을 일부러 떨어뜨릴 때, 치명적인 결과를 받아들여야 한다는 점이다. 둘째, 자신을 위태로움 속으로 밀어 넣는 대담한 작품들은 숨겨놓은 채 평범한 작품들로 포트폴리오를 채워 넣는 것은 자기 자신을 헐값에 팔아넘기는 것이라는 점이다.

중요한 다섯 번째 질문

한 동료가 구글 독스를 가지고 네 가지 질문으로 구성된 설문지를 만들었다. 자신의 장점이 무엇인지를 주변 사람들에게 알아보고자 한 것이다. 그녀는 친구들에게 설문지를 보내면서 익명으로 답변해달라고 요청했다. 그리고 그 설문지를 통해서 자신이 잘하는 것과 집중해야 할 대상에 관한 객관적인 정보를 얻을 수 있을 것이라 기대했다.

그런데 안타깝게도 가장 중요한 질문을 하나 빠뜨렸다. 다섯 번째 질문에서 그녀는 이렇게 물었어야 했다. "내가 지금 두려워하는 것이 무엇이라고 생각되는가?" 자신이 어떤 것에서 도망치려 하고 있는지, 궁극적인 도전을 가로막고 있는 것이 무엇인지를 찾아내야 하기 때문이다.

대부분의 사람이 마찬가지로 두려움에 발목이 잡혀 있다. 사기꾼으로 오해받을지도 모른다는 두려움 때문에 자신을 드러내지 못하고 있는 것이다. 자신이 정말로 무엇을 두려워하는지 알고 있다면, 당장 도전을 시작할 수 있다.

빌 머레이의 독백

거리로 뛰쳐나가 즉흥 연주를 벌이고, 죽음을 두려워하지 말아야 한다.

죽을 기회를 잡아야 한다. 그리고 많이 죽어야 한다. 항상 죽어야 한다. 아이디어의 속삭임만 듣고도 뛰어들어야 한다. 두려울수록 주먹을 굳게 쥐어야 한다. 죽음에 대한 두려움이란 그런 것이다. 무대에 올라 몇 마디를 던졌는데 관객들의 표정이 마치 이렇게 말하는 듯하다. "저게 뭐야? 하나도 재미없어." 그럴 때, 팔을 벌려 가슴을 활짝 펴고 자신을 그대로 드러내야 한다. 그렇지 않으면 자기 안에 갇혀버리고 만다.

영화배우 빌 머레이의 이야기다. 여기서 얻을 수 있는 소중한 교훈은, 죽을 것 같다고 해서 정말로 죽는 것은 아니라는 사실이다.

다만 죽을 것 같은 공포가 있을 따름이다. 그러한 감정은 죽음이나 죽음처럼 느껴지는 모든 것을 어떻게든 피해야 한다고 우리 자신을 설득하기 위해 도마뱀 뇌가 만들어내는 것이다.

그런 감정을 억누르려고 노력해봐야 아무런 소용이 없다. 그러니 그냥 내버려두고 받아들일 수밖에.

정답이 없을 때는 다른 사람들의 비판에 문을 활짝 열어놓아야 한다.

예를 들어 알파벳 조각으로 문장을 만든다고 해보자. 놀랍게도 어떤 이들은 아주 힘들어한다. 사실 '놀랍게도'라는 말은 적절한 표현이 아니다. 어려워하는 것은 당연하기 때문이다. 우리는 이러한 상황을 어떻게든 피해야 한다고 배웠다.

이는 곧 위태로움을 의미한다. 우리는 아마 무척 서툴고, 바보처럼 보이는, 시시한 문장들을 만들어낼 것이다. 또는 욕설이나 판에 박힌 표현들밖에 못 만들지도 모른다.

그러므로 최소한의 노력으로도 거뜬히 할 수 있고, 유치한 짓이라 무시해도 괜찮으며, 안전하고 쉽고 핑곗거리도 많은 다른 일을 찾는 게 더 나을 것이다.

하지만 그래서는 문제를 해결할 수 없다. 문제 해결에 능숙해지기 위해서는 문제를 많이 만나보는 수밖에 없다. 그것도 사적이고, 안전하고, 결과에 대해 장황하게 변명을 늘어놓는 방식이 아니라 공식적인 차원에서 문제 해결에 도전해야 한다.

"문제는 최선을 다할 기회다."
_듀크 엘링턴(피아노 연주가)

"그리고 연결경제는 바로 그런 기회를 풍부하게 제공한다."

콜럼버스의 달걀

따라 하기는 쉽다.

이미 완성된 것을 볼 때 우리의 도마뱀 뇌는 편안해한다. 그런 일이 충분히 가능하며 죽음의 공포를 느끼지 않아도 된다는 사실을 이해한다.

그래서 우리는 남들의 아이디어를 베낀다. 시장의 리더를 따라간다. 그리고 앞으로 중요해질 만한 것들을 쫓아간다.

인터넷 덕분에 우리는 그러한 목표물을 더 쉽게 발견할 수 있게 되었다. 따라 할 만한 가치가 있어 보이는 것들을 재빨리 찾아낼 수 있다.

콜럼버스와 관련된 이 유명한 에피소드는 아마 당신도 알고 있을 것이다. 당시 그의 성공을 탐탁지 않아하던 귀족들은 이런 저런 트집을 잡으면서, 그가 하지 않았더라도 다른 누군가가 분명히 했을 것이라고 말했다. 그들의 말은 으레 따라 나오기 마련인 대수롭지 않은 비판에 불과했다. 1565년에 나온 책에 따르면, 콜럼버스는 그러한 비판들에 이렇게 맞섰다고 한다.

> 콜럼버스는 그들의 비난에 대꾸하지 않고, 다만 달걀 하나를 가져다 달라고 했다. 그러고는 사람들에게 그 달걀을 탁자 위에 세워보라고 말했다. "여러분, 장담하건대 아무도 세우지 못할 겁니다." 실제로 아무도 성공하지 못했다. 그리고 마침내 달걀이 콜럼버스의 손에 돌아오자, 그는 달걀을 깨뜨려서 탁자 위에 올려놓았다. 모두 당황한 표정이었지만, 그래도 그가 무슨 말을 하는지는 알아들었다. 누군가 어떤 일을 처음으로 이루어냈을 때, 사람들은 비로소 그게 어떻게 가능한 것인지 이해하게 된다.

따라 하기는 그만두자. 그건 너무 쉽고, 의미 없는 일이다. 우리는 그것보다 더 멋진 일을 해야 한다.

"자신만의 달걀을 발견하자."

변화의 사도와 겁쟁이의 차이

도마뱀 뇌는 무척 교활하다. 몸을 숨길 수만 있다면 별의별 짓을 다하는 동물처럼 군다.

 도마뱀 뇌는 아트에 도전해야 한다는 생각에서 허점을 발견하게 하고, 자신의 존재를 부정하게 하면서 행동을 시작한다. 감각을 무디게 하고, 더 급한 문제를 가지고 주의를 흩뜨려놓는다. 자신의 존재를 숨기라는 심리적 저항을 일으켜 움직임을 더디게 하거나 멈추게 하고, 비참한 느낌이 들게 한다. 애써 작품을 만들고 난 후에도 그것을 망치게 하거나, 아무도 보지 못하도록 숨기게 하거나, 다시 도전해보라는 다른 사람들의 격려에 귀를 막도록 한다.

 도마뱀 뇌의 가장 치명적인 무기는 불가능한 프로젝트, 불가능한 꿈, 가치는 있지만 결국 실패로 끝날 목표로 여기게 해 눈길을 돌리게끔 하는 것이다. 애초에 달성할 수 없는 목표라면, 그 걸 이루지 못했다고 해서 비난할 사람은 없지 않느냐고 핑계를 늘어놓으면서 조용히 원래 자리로 돌아가게 한다.

변화는 힘든 작업이다. 변화를 위해 아티스트는 적극적으로 나서고, 규범을 무너뜨리고, 현재 상태에서 벗어나기 위해 끊임없이 움직여야 한다. 이러한 노력은 우리를 앞서 가는 사람으로, 변화의 사도로 만들어준다. 하지만 때로는 의기소침한 겁쟁이로 만들어버리기도 한다.

그런데 그 차이가 뭘까?

용감무쌍한 변화의 사도는 기적이 일어나기를 기다리지 않는다. 그는 자신이 원하는 변화를 이끌어나가기 위해 동맹을 맺고, 체계적으로 조금씩 자신의 기반을 확장해나간다. 목표가 뚜렷한 아티스트는 발전을 이룩하고, 다른 사람들을 변화시키고, 집단을 이끈다. 반면 겁쟁이들은 책임을 외면하는 패배자의 역할에 안주한다. 게다가 궁극적으로는 실질적인 이로움을 가져다줄 타협안에조차 관심을 주지 않는다.

청중을 향한 세 가지 태도

어떤 아티스트들은 청중을 고의적으로 무시한다. 그들은 이렇게 말한다. "이것이 내 작품이며 이미 끝났다. 그러니 아무 말도 말라."

이렇게 말하려면 대단한 배짱이 필요하다. 그래도 이러한 태도의 장점은 마음을 흩뜨리지 않고 아트에 집중할 수 있다는 것이다. 토머스 핀천(작가. 대표작으로 《브이》,《중력의 무지개》 등이 있다-옮긴이), 데이비드 마멧(영화감독. 대표작으로 〈포스트맨은 벨을 두 번 울린다〉,〈한니발〉 등이 있다-옮긴이), 트리베니언(작가. 대표작으로 《아이 거 빙벽》,《시부미shibumi》 등이 있다-옮긴이)의 아트가 그러하다. 도마 뱀 뇌와 더불어 생산적인 인생을 살아가기 위해 이들 아티스트는 스스로를 격려하기로 마음먹은 것이다.

다음으로 또 다른 아티스트들은 오직 일부의 청중, 즉 그들이 불러일으키는 자극에 반응하는 사람들, 세계관을 공유하는 사람들만을 만족시킬 수 있다는 사실을 잘 이해한다. 이들은 청중과 교류할 수 있는 가치를 창조하기 전까지 아트는 불완전한 것이라고 생각한다. 그리고 자신의 아트가 영향을 미치기 시작할 때까지 청중과의 연결을 위해 많은 관심을 기울이고 적극적으로 참여하고자 한다. 밥 딜런과 신디 셔먼 같은 아티스트들이 이러한 세상에서 활동하고 있다. 그들은 현실을 사는 아티스트이기는 하지만, 자기 작품을 인정하지 않는 청중을 끌어들이는 데에는 조금도 관심이 없다.

마지막으로는 내가 아티스트로 인정하지 않는 부류다. 모든 비판에 귀를 기울이고, 최대한 많은 청중의 기호에 영합하기 위해 자신의 아트를 낮추려는 사람들이다. 이들의 관심사는 아트가 아니라 시장점유율이다. 우리는 늙은 엘비스의 라스베이거스 패러디쇼, 나이 든 주디 갈란드가 무대 위에서 망가지는 모습들을 봤다. 이들 역시 자신의 작품에 관심을 보이는 청중을 위해 뭔가 새로운 것을 창조하려는 아티스트로 시작했지만, 결국은 대량 시장의 싸구려 연예인으로 전락하고 말았다.

위대한 실패와 따분한 실패

추방당한 할리우드 거물 데이비드 퍼트넘은 다음과 같은 원칙을 믿었다.

"새로운 방식보다 기존의 방식으로 실패하는 편이 더 견디기 쉽다. 새로운 방식에 따를 때, 성공의 보상보다 실패의 위험이 더 크다. 간단하게 말해서, 다른 사람들처럼 실패하면 얼마든지 무사히 넘어갈 수 있다."

산업 시대에 성장했던 사람들은 아트적 차원에서의 실패를 생각하지 못한다. 그들에게 실패란 이미 예전에도 있었고, 그러므로 일반적이고 누구나 수긍할 수 있고 특별하지 않은 사건이다. 그들은 이러한 실패를 당연한 것으로 여긴다. 그러나 그 대가로 돌아오는 건 따분함이다.

도미노피자의 신제품, 델컴퓨터의 새로운 버전, 쉐보레 콜벳 신형 모델에 대한 시장의 미지근한 반응이 바로 이러한 실패에 해당한다. 애초에 거대한 위험을 감수하지 않았다는 점에서 이 모두는 따분한 실패다.

탁월한 가치는 완전히 새로운 실패, 새로운 위험에 따른 실패를 감수할 때 비로소 모습을 드러낸다. 예전에 없던 새로운 형태의 위험을 감수하고자 하는 것은 성공으로 향하는 완전히 새로운 형태의 문을 여는 일이다.

"나는 많은 걸 믿지는 않지만, 당신만은 믿는다."

지금은 무한 게임의 시대

지금 일을 하고 있다면, 본능적으로 어떻게든 덜 하려고 할 것이다. 왜 굳이 더 많이 일하려 들겠는가? 그러나 게임을 하고 있다면, 어떻게든 더 오래 하려고 할 것이다.

일은 지루하다. 일이란 어쩔 수 없이 해야 하는 노동이다. 힘들고, 다른 사람들을 위한 일이고, 더 많은 돈을 벌기 위한 것이다. 그리고 그 돈은 더 많은 일을 만들어내고, 그 일은 다시 더 많은 돈을 벌어들인다. 일을 위해서 우리는 개성과 인간성을 포기하고, 스스로에게 윤리적인 지름길을 선택해도 좋다고 눈을 감아버린다.

반면 게임은 자발적이다. 우리는 규칙을 직접 선택하고, 자신과 잘 어울리는 게임을 고를 수 있다. 게임을 할 때 우리는 몰입한다. 자발적으로 참여하기 때문이다. 승자 또는 패자이기 이전에 우리는 게임을 즐기는 사람들이다. 게임을 즐기는 것은 진정한 자아의 모습이다.

만약 '일'을 게임의 일부로, 실패가 아닌 도전으로, 비극이 아닌 성과로 바라볼 수 있다면 우리는 열정적으로 할 수 있을 것이다. 무슨 일이 일어나든 게임의 일부이기에 즐기면서 할 것이다.

하지만 게임에도 종류가 있다.

종교학자 제임스 카스는 제한 게임과 무한 게임이라는 개념에 대해 글을 썼다. 제한 게임이란 승자와 패자가 결정되는 게임이다. 거기에는 게임의 법칙이 존재하고 분명한 끝이 있다. 제한 게임에서 목표는 승리하는 것, 그리하여 최후의 일인으로 남는 것이다.

산업 시대는 바로 이러한 제한 게임의 개념을 받아들였다. 시장점유율이 바로 제한 게임에 속한다. 경쟁 기업에서 인재를 빼앗아오는 것도 그렇다. 당신의 기업이 모든 인재를 차지하면, 경쟁 기업들은 인재를 가질 수 없다. 미국풋볼리그[NFL] 역시 제한 게임이다. 오로지 한 팀이 우승을 차지하고, 나머지는 패자로 남는다.

반면 무한 게임의 목표는 게임에 참여하는 특권을 누리는 것, 다시 말해 다른 선수들이 더 잘 활동할 수 있도록 도와주는 것이다. 무한 게임에서 우리는 동료 참가자들이 더욱 활발하게 움직일 수 있도록 격려할 수 있다.

아마 지금쯤 눈치챘으리라 믿지만, 연결경제는 무한 게임을 기반으로 성장한다. 연결은 제로섬 게임이 아니고 아이디어가 퍼져나가면서 모든 사람에게 이익을 나누어주기 때문에, 꼭 한 명의 승자와 다수의 패자가 존재해야 한다는 법은 없다.

제한 게임에서는 100만 명이 참가하더라도 승자는 오직 하나가 되어야 한다. 지구상에는 현재 70억 명이 넘는 사람들이 살고 있다. 그중에는 당신과 비슷하거나 당신보다 뛰어난 사람이 엄청나게 많을 것이다. 그러므로 이 세상에서 제한 게임의 승자가 되고자 하는 것은 무모한 도박이다.

큰 판돈이 걸린 제한 게임일수록 한 가지 분명한 사실은 그것이 조만간 일로 전락할 것이라는 점이다. 그러다 보면 참가자들은 스테로이드를 맞고, 지름길을 찾고, 목표에 집중하기 위해 남들에게 베푸는 마음을 포기하게 된다. 모두가 승리만을 노리는 제한 게임 속 경쟁에는 활력이 없다.

하지만 무한 게임에서는 에너지가 흘러넘친다. 개인적이고 관용적이기 때문이다. 무한 게임은 풍요를 가져다주고, 창조의 희열을 선사한다. 그러니 이 게임을 시작하자.

일을 무한 게임으로 만든다면?

인터넷 시대의 여명이 밝아올 무렵에 나는 거대한 위험에 도전했다. 온라인 마케팅 회사를 차렸던 것이다(우리는 윤리적인 방식의 온라인 홍보 메일 시스템을 개발했다). 어느 정도의 외부 투자와 70여 명의 직원 덕분에 계속해서 규모를 키워나갈 수 있었다.

우리는 우량한 기업 고객들을 대상으로 대규모 프로젝트를 추진했다. 그러나 실적은 늘 본전을 찾기에도 빠듯했다(그것도 양호한 달에). 자본은 점차 바닥을 드러내기 시작했고, 당장 매출을 올리지 못하면 투자를 받으러 돌아다니거나 사업을 접어야 하는 상황에 이르고 말았다. 그렇게 된다면 많은 인재가 일자리를 잃게 될 처지였다.

위기의 순간이었다. 설립자이자 개발자 그리고 경영자로서 나는 막중한 부담감을 느꼈다. 제품을 팔아야만 했다. 그것도 당장. 뉴욕의 유명 기업을 방문했을 때에도 상황은 마찬가지였다. 우리보다 별로 나을 게 없는 회계 및 마케팅 담당자들이 우리를 집요하게 공격했다. 우리 회사의 제품을 깎아내렸고, 가격이 너무 비싸다고 투덜거리면서 경쟁 업체들이 얼마나 똑똑하게 움직이고 있는지에 대해 장황하게 늘어놓았다.

그런데 그 순간, 무한 게임의 진실이 떠올랐다. 이렇게 기업을 살리려고 아등바등 노력하는 것이 평생 내가 해야 할 일이라면, 나는 절대 그런 삶은 살고 싶지 않았다. 이토록 절박하게 제품을 팔기 위해 안간힘을 써야 한다면 우리가 추구하는 가치를 제품에 담기 어려울 것이다. 오로지 고객이 원하는 제품만 만들어야 할 것이다. 그렇다면 그건 아트가 아니다.

비즈니스를 접는다는 건 분명 고통스러운 일이지만, 그때 나는 조직 전체를 잘못된 길로 이끄는 것보다 패배를 인정하는 편이 더 낫다는 결론을 내렸다.

한 시간짜리 회의에서 10분쯤 지났을까, 나는 그때까지 우리가 설득하기 위해 애쓰고 있던 사람들을 바라보며 천천히 노트북을 닫았다. 그리고 이렇게 말했다.

"우리 회사는 여러분께서 찾으시는 곳이 아닌 것 같군요. 우리는 우리가 할 수 있는 일을 합니다. 그리고 그걸 무척 자랑스럽게 생각합니다. 하지만 여러분이 찾는 회사가 아니라면, 시간 낭비만 하게 해드렸군요. 죄송합니다."

그리고는 자리를 박차고 회의실을 나왔다. 함께 있던 동료도 놀란 표정으로 내 뒤를 따라 나왔다.

그다음에 무슨 일이 벌어졌을까? 매달려야 할 필요가 없다는 사실을 확인한 순간, 그리고 구걸이 아니라 관계를 주도하기 시작한 순간, 상황이 완전히 바뀌었다. 다음 8주 동안 우리는 지난 2년간보다 더 높은 매출을 기록했다.

이런 식으로 게임에 임할 수 있다면, 우리는 일을 즐길 수 있다. 도전하겠다는 결정을 스스로 내릴 수만 있다면, 우리는 계속해서 아트를 이어나갈 수 있다.

"누구와도 다르게."

무한 게임, 아트와 관대함 사이

무한 게임의 진실을 이해한다면, 앞서 이야기했듯 루이스 하이드가 언급한 아트와 관대함 사이의 관계가 가슴에 더 깊숙이 와닿을 것이다.

아트이기 위해서는 선물과 같은 존재가 되어야 한다. 선물은 연결과 관계를 만들어내고, 그러한 연결과 관계는 연결경제의 핵심이다. 연결할수록 더 많은 가치가 만들어지기에 게임이 무한히 계속될 수 있다.

거래는 아무리 공평하게 이루어진다고 해도 사람들을 떨어뜨려 놓는다. 반면 선물은 불평등한 형태로 이루어지지만, 서로의 유대를 강화하고 게임이 계속 이어지도록 한다.

결핍과 시장 점유율, 독점, 이익 극대화가 핵심 단어인 상황에서는 시스템에서 어떻게든 많은 에너지를 뽑아내고자 한다. 산업가들은 시스템이 조용히 돌아가고, 조직화되고, 생산성이 높아지기를 그리고 무엇보다 수익성이 증가하기를 바란다. 반면 아티스트들은 시스템에 에너지를 더하고, 자극하고, 게임을 계속해서 이어나가기를 바란다.

아티스트들의 선물은 호의를 베푸는 것과는 다르다. 상대방에게 뭔가 빚을 지고 있다는 느낌을 주거나, 더 유리한 입장을 차지하기 위해 머리를 쓰는 게 아니다. 다만 게임을 즐기고, 관용을 실천하는 과정에서 그 게임이 무한히 이어지도록 만드는 것이다.

걸럼핑과 풍크치온스루스트

걸럼핑galumphing이라는 표현은 헛된 노력과 가식적인 행동을 의미한다. 또한 낭비적이고, 지나치고, 과장되고, 비경제적이라는 의미도 담겨 있다. 걷는 대신 쿵쾅거리며 뛰어다니고, 지름길을 놔두고 먼 길로 돌아가고, 자신의 능력을 제대로 발휘하지 못하는 게임을 하고, 목적보다 도구에 더 관심을 쏟을 때, 우리는 걸럼핑을 하고 있는 것이다.

_스테픈 나흐마노비치(바이올린 연주자이자 컴퓨터 아티스트)

최근에 나는 풍크치온스루스트funktionslust라는 독일어를 좋아하게 되었다. 이 말은 결과를 떠나 그 자체가 좋아서 하는 일을 의미한다.

가령 승부가 이미 갈렸음에도 경기장으로 뛰어들고 싶어 하는 선수, 늦은 밤 호텔 레스토랑에서 손님이 7달러짜리 음식을 주문했을 때에도 정성을 다해 요리하는 주방장의 모습이 바로 풍크치온스루스트다.

이들은 자신이 해야 하는 일이어서가 아니라 할 수 있으므로 한다. 아티스트들은 즐긴다. 투자에 대한 수익을 분석하거나 지름길을 찾으려 하지 않는다. 일을 하는 게 아니라 놀이를 하는 것이다.

지금 당신이 걸럼핑을 하고 있다면, 그것은 당신의 몸이 풍크치온스루스트의 시간이 왔음을 알려주는 신호다. 당신이 자기 일에 영혼을 불어넣도록 하기 위해 마음의 준비를 하고 있는 것이다. 열정을 쏟을 수 없다면, 왜 일을 한단 말인가?

> "어쩌면 결국 눈물을 흘리게 될지도 모른다.
> 울부짖을 각오가 되어 있지 않다면,
> 당신은 지금 아트를 하는 게 아니다.
> 먼저 춤을 출 준비가 되어 있지 않다면,
> 당신이 하는 일은 아트가 아니다."

아트에는 얼마나 오랜 세월이 필요할까

민첩하게 움직이는 인터넷 기업이 깜짝 성공을 거두기까지 7년의 세월이 걸렸다.

미국의 한 주에서 동성결혼 합법화를 공표하기까지 동성애 인권 단체들은 한 세대에 걸쳐 운동을 펼쳐야 했다.

교수가 학생들에게 실질적인 영향을 주기 위해서는 적어도 열네 번 이상의 강의가 필요할 것이고, 당신의 블로그가 널리 알려지기까지는 1년 이상의 시간이 걸릴 것이다.

우리가 바라는 것만큼 아트는 빨리 움직이지 않는다. 조급해하면 할수록 그 속도는 더욱 느려진다.

레게 음악의 전설로 불리는 밥 말리 역시 〈Get Up, Stand Up〉이라는 노래를 어떻게 불러야 할지 처음부터 알았던 것은 아니었을 것이다. 마찬가지로 《오만과 편견》 등의 고전을 남긴 제인 오스틴 또한 처음부터 위대한 작가는 아니었으며, 오바마의 수석 고문 발레리 자렛도 처음부터 국가 정책에 그렇게 해박했던 것은 아니었다.

오늘날 자신의 존재를 드러내는 일은 예전보다 어렵지 않다. 손을 들고, 관계를 맺고, 세상에 아이디어를 내놓는 데 필요한 비용은 이제 무시해도 좋을 정도로 낮다. 게다가 그에 따른 위험도 그만큼 낮아졌다.

우리는 상황이 더 좋게 변화하고 있다는 사실을 알고 있습니다. 이에 발맞춰 그게 무엇인지 묻고, 어떤 일이 가능할 것인지 상상하고, 이와 관련하여 새로운 시도를 해야 합니다. 월스트리트에 있든, 비영리단체에서 기아와 맞서 싸우든, 아니면 지방정부에서 일하든 간에, 저는 우리 모두 자기만족에서 벗어나야 한다고 촉구하는 바입니다.

_재클린 노보그라츠(아큐멘펀드 설립자)

"아티스트가 되고 나서 아트를 시작해서는 안 된다.
끊임없이 아트를 하면서 아티스트가 되어야 한다."

그럼에도 불구하고 다 잘될 것이다

MBA 시절 스물두 살의 나 자신에게 조언한다면 무슨 이야기를 들려줄 것이냐는 질문을 받은 적이 있다. 아마도 대부분 사람은 젊은 시절의 자신에게 구글 주식을 사거나, 차버렸던 애인을 붙잡으라거나, 어떤 동네로 이사를 하라는 등 인생의 행로를 완전히 바꿀 수 있었던 기회에 대해 말해주고 싶을 것이다.

하지만 나는 내 과거의 어떤 부분도 바꾸고 싶지 않다. 항상 있었던 사업적인 어려움조차 지우고 싶지 않다. 그건 그러한 일들 모두가 지금의 나를 만들었으며, 더 나은 상황이 있으리라는 생각이 들지 않을 정도로 만족스럽기 때문이다. 다만 좀 더 일찍 깨달았더라면 하는 것은 한 가지 있다. 무슨 일이 벌어지든 결국 다 잘될 것이며, 고통은 여정의 일부이고, 그러한 고통이 있기에 여정이 가치 있다는 사실이다.

그렇다고 해서 모든 일이 성공할 테니 걱정하지 말라는 뜻은 아니다. 다들 알다시피 우리는 항상 실패한다. 모든 일이 성공할 것이라는 말이 아니라, 언제나 춤을 추어야 한다는 말이다. 이기든 지든 즐겨야 한다. 나는 항상 모든 프로젝트와 관계에 지나친 부담감을 느끼지 말자고 다짐한다. 우리의 목표는 이기는 게 아니다. 계속해서 즐기는 것이다.

위로의 말은 오래가지 않는다. 모든 일이 성공할 것이라는 격려 역시 그렇다. 정말로 우리가 알아야 할 것은 여행 자체가 핵심이라는 깨달음이다.

돌이켜보면 참으로 많은 일이 있었다. 고객을 만난 자리에서 내 노트북에 불이 붙었던 일, AOL 부사장에게서 구속시켜버리겠다는 협박을 당했던 일, 월급을 제때 주지 못해 나를 원망으로 바라보던 직원들의 눈동자를 마주했던 일…. 이 모두가 내 아트의 일부다.

프로젝트의 마지막 순간에, 하루의 끝에 그리고 게임이 끝나는 순간에 우리는 거울을 들여다보면서 적어도 그동안 춤을 출 수 있었다는 사실을 떠올리게 될 것이다.

더없이 좋은 시점

아트를 직업으로 삼은 이들이 포기하는 것들 중 하나가 미친 듯한 흥분감이다. 약 20년 전, 나는 성공의 조짐이 보이기만 해도 흥분해서 날뛰었다. 수없이 거부당했고 회사가 망할지도 모른다는 압박감으로 비즈니스 상황은 늘 혹독했다. 하지만 그랬기에 더더욱 긍정적인 신호가 조금이라도 있으면 어떻게든 놓치지 않으려 했다.

하지만 이제는 이렇게 웃으며 말할 수 있다. 그렇게까지 힘든 것은 아니었다고. 태산이 높다 해도 하늘보다 높은 건 아니다. 성공은 이기는 것이 아니라 더 많은 일을 할 수 있는 특권을 누리는 것이다.

이 책의 출판을 위한 후원 프로젝트가 채 세 시간도 되기 전에 목표 금액을 달성했을 때에도 나는 축하쇼 같은 건 벌이지 않았다. 대신 노트북을 들고 일터로 향했다. 이러한 삶이야말로 내가 생각하는 최고의 특권이다.

때로는 적절한 시점, 적절한 장소에 행운이 찾아온다. 하지만 그런 행운도 정작 스스로 발견하지 못하면 아무 소용이 없다.

나는 바로 지금 그 행운이 찾아왔다고 생각한다.

지금은 산업가가 되고자 하거나 확실하고 예측 가능한 것을 기대하기에는 굉장히 좋지 않은 시점이다. 평범한 사람들을 위한 평범한 제품을 만들어 떼돈을 벌겠다고 마음먹는 것도 좋지 않다. 특히 연봉 높은 중간 관리자가 되기 위해 아트를 포기하기에는 더없이 나쁜 시점이다.

대신 새로운 것을 발견하고, 변화를 받아들이고, 세상을 다른 시선으로 바라보기에는 가장 좋은 시점이다. 물건이 아니라 관계를 만들어내기에도 그러하다. 그리고 무엇보다 아트에 도전하기에 최고의 시점이다.

내가 했고, 내가 만들었다

불안한 소비자는 좋은 소비자다. 확신이 없는 직원은 착한 직원이다. 불안한 소비자는 호언장담에 휘둘리고, 확신이 없는 직원은 확신을 주겠다는 약속에 바로 사인을 한다.

재능이 부족하다거나 주장을 내세울 만큼 준비가 되지 않았다고 느낄 때 그리고 학벌이 부족하다거나 변화를 이끌 만한 재목이 못 된다는 지적을 그냥 받아들일 때, 당신은 권위 있는 누군가에게 자신의 영향력을 그냥 넘겨버리고 있는 것이다.

아무것도 바꾸지 못할 것이라며 투표를 거부하는 냉소주의자들은 정말로 아무것도 바꾸지 못한다. 음반사들의 탐욕과 오만을 혐오하면서도 그들의 러브콜에 목을 매는 음악가들은 자신의 영향력을 음반사들에 그냥 넘겨버린 것이다.

실패의 대가가 때로 혹독하기는 하지만, 무엇도 하지 않는 것에 비하면 아무것도 아니다.

"내가 실행했고, 내가 만들었고, 내가 말했다."

예전에 비해 우리는 훨씬 더 쉽게 실패할 수 있게 되었다. 그리고 뭔가를 세상에 내놓고 아무런 반응을 얻지 못하는 일도 훨씬 더 쉬워졌다.

건물도, 학위도, 광고 예산도 필요 없다. 권위자의 승인도 필요 없다. 얼마나 놀라운 세상인가. 백 년 동안의 세뇌에 갇혀서 절호의 기회를 놓쳐선 안 된다.

"수영을 하면서 수영하는 법을 배운다.
용기를 내면서 용기 내는 법을 배운다."

_매리 데일리, 브레네 브라운의 말 인용에서

확신 없이 출발하자

심리적 저항은 확신을 요구한다. 검증 가능한 계획을 원한다. 그리고 고통의 끝에 정말로 보상이 있는지 확답을 하라고 한다. "더 많은 자료와 사례, 확신을 보여달라. 증거를 달라!"

도마뱀 뇌는 이렇게 끊임없이 우리를 옭아맨다. 최고의 작품은 결국 그것이 어떻게 완성될지 모르는 아티스트의 손에서 빚어진다. 그러나 세상은 아직도 산업가들이 심어놓은 두려움과 복종으로 세뇌된 문화 속에서 벗어나지 못하고 있다.

그러나 문화는 선택이다. 두려움의 문화, 실패의 문화를 받아들일 필요는 없다. 바로 지금, 바로 저편에, 저기 거리에 아티스트들이 활보하고 있다. 그리고 당신과 같은 마을, 같은 시장, 같은 경제에 살면서도 희망과 흥분으로 넘치고, 기꺼이 다른 문화를 선택하려는 사람들이 있다.

그들은 언제나 아트에 도전하고, 희망의 문화를 선택한다. 그러나 증거를 요구하고, 확신에 집착하고, 수치심에 떨고 있는 사람들은 그러지 못한다. 도마뱀 뇌는 이렇게 속삭인다. "너무 위험해."

그러나 아트는 프로젝트이지 살아가는 공간이 아니다. 꿈의 집을 완성했다면, 이를 불태워버려야 한다. 다시 새로운 비즈니스를 시작하고, 실패할 때까지 계속해야 한다. 그리고 나서는 다른 곳으로 넘어가야 한다.

무대 위에서 진심을 다해 이야기하지만 어떤 청중은 당신을 이해하지 못하고, 인정하지 않고, 받아들이려 하지 않을 것이다.

그게 아트다.

아트는 텅 빈 공간으로 뛰어드는 일이다.

자신의 재능을 발휘하고, 처음 보는 마술에 도전하는 일이다. 우리는 할 수 있다. 예전에도 그랬고 앞으로도 그럴 것이다. 실패할 수도 있다는 그 사실이 바로 우리가 아트에 도전해야 하는 이유다. 확실한 보장과 안전망이 없는, 그래서 더욱 놀라운 선물이다.

여정의 끝에 박수를 받지 못할 수도 있다. 그래도 상관없다.

적어도 진정으로 살아 있었으니.

| 나오며 |

당신은 아티스트인가?

나는 우리 모두가 왜 아트를 해야 하는지, 왜 도전할 만한 가치가 있는 것인지, 그리고 왜 그냥 기다려서는 안 되는지에 대해 이야기했다.

아트는 그저 예쁜 것이 아니다. 단지 뭔가 그리는 것도 아니며, 벽에 걸린 작품도 아니다. 아트는 사람들을 깜짝 놀라게 만드는 것이다. 진정으로 살아 숨 쉴 때, 비로소 가능한 일이다.

자신은 절대 아티스트가 될 수 없다고 결정을 내렸다면 왜 그런 결정을 내렸는지, 그리고 그 결정을 뒤집기 위해 무엇이 필요한지 생각해보라. 그동안 자신은 별다른 재능이 없다고 생각했는가? 왜 재능이 숨어 있었다고, 미처 발견하지 못했을 뿐이라고 생각하지는 않는가?

아트는 두려움과 고뇌를 줄지도 모른다. 그러나 아트는 우리 자신이자 욕망이며, 결과물이 아니라 여정이다. 앞으로 우리가 해야 할 일은 혼신을 다해 바칠 그 여정을 발견하는 것이다.

당신은 아티스트인가? 간단한 질문이다. 과거의 개념대로라면 아티스트는 우리와 다른 사람들이다. 우리처럼 입고, 행동하고, 일하지 않는다. 회의에 참석할 필요도 없고, 콧대가 높고, 몸에 문신을 새기고, 재능을 갖고 태어난 사람들이니까. 그러나 우리는 이제 과거의 통념이 달라졌다는 것을 안다. 아티스트란 기존 질서에 도전하는 용기와 통찰력, 창조성과 결단력을 갖춘 사람임을 말이다.

충성으로 보상을 받고 있다면, 충성스런 사람이다. 복종으로 보상을 받고 있다면, 복종적인 사람이다. 능력으로 보상을 받고 있다면, 능력 있는 사람이다. 이제 사회는 아트를 하는 사람에게 보상을 한다. 그래서 지금 당장 아트를 시작해야 한다.

텅 빈 캔버스 앞에 선 화가, 건축의 기본 원칙을 파괴해버린 건축가, 관객을 울리는 극작가, 환자에게 전화를 거는 세심한 의사, 미궁에 빠진 사건을 처리하는 형사, 새로운 해석으로 클래식에 도전하는 디바, 바쁜 업무 속에서도 고객을 직접 찾아가는 서비스 직원, 승인이나 권한에 의존하지 않고 과감하게 뛰어드는 기업가, 한마디로 중요한 회의의 분위기를 일순간에 바꾸어놓는 중견 간부…….

혹시 당신인가?

"세상은 특별한 일을 하는 평범한 사람들로 가득하다."

THE ICARUS DECEPTION
이카루스 이야기

제1판 1쇄 발행 | 2014년 1월 15일
제1판 24쇄 발행 | 2025년 10월 1일

지은이 | 세스 고딘
옮긴이 | 박세연
펴낸이 | 하영춘
펴낸곳 | 한국경제신문 한경BP
출판본부장 | 이선정
편집주간 | 김동욱
책임편집 | 이혜영
저작권 | 백상아
홍보마케팅 | 김규형·서은실·이여진·박도현
디자인 | 이승욱·권석중

주　　소 | 서울특별시 중구 청파로 463
기획편집부 | 02-360-4556, 4584
홍보마케팅부 | 02-360-4595, 4562　FAX | 02-360-4837
H | http://bp.hankyung.com　E | bp@hankyung.com
F | www.facebook.com/hankyungbp
등　　록 | 제 2-315(1967. 5. 15)

ISBN 978-89-475-2945-7　13320

책값은 뒤표지에 있습니다.
잘못 만들어진 책은 구입처에서 바꿔드립니다.